Schöningh

EinFach
Französisch

Du réalisme
au naturalisme

De Lukas Gehlen
et Melanie Große–Bley

Symbole und Abkürzungen

m./f.	masculin/féminin
litt.	littéraire (literarische Sprache)
vx.	vieux (nicht mehr gebräuchlich)
fam.	familier (umgangssprachlich)
péj.	péjoratif (abwertender Sprachgebrauch)

Sprachliche Betreuung: Nicole Millet-Freitag

© 2014 Bildungshaus Schulbuchverlage
Westermann Schroedel Diesterweg Schöningh Winklers GmbH
Braunschweig, Paderborn, Darmstadt

www.schoeningh-schulbuch.de
Schöningh Verlag, Jühenplatz 1–3, 33098 Paderborn

Druck 5 4 3 2 1 / Jahr 2018 17 16 15 14
Die letzte Zahl bezeichnet das Jahr dieses Druckes.

Umschlaggestaltung: Jennifer Kirchhof
Druck und Bindung: westermann druck GmbH, Braunschweig

ISBN 978-3-14-046282-2

Table des matières

Approche: Le réalisme – un nouveau regard sur le monde

Gustave Courbet
Un enterrement à Ornans (1850)

«Je tiens ainsi que la peinture est un art essentiellement concret et ne peut consister que dans la représentation des choses réelles et existantes [...] de tous les objets visibles; un objet abstrait, non visible, non existant n'est pas du domaine de la peinture.»
Gustave Courbet

Analyse du tableau

1. Décrivez les classes sociales représentées sur le tableau. De quelle façon les personnages sont-ils dépeints?

2. Dites comment la mort est présentée par Courbet.

Créativité

3. Mettez-vous à la place d'un ami de la personne défunte. Imaginez une oraison funèbre.

Un tableau qui a fait scandale

Gustave Courbet a présenté *Un enterrement à Ornans* au Salon de peinture de 1850. Il fut très mal accueilli par les critiques outrés de voir une si grande œuvre (6,68 mètres sur 3,15 mètres) traiter un sujet populaire avec une telle gravité.
5 Ce format panoramique était alors réservé aux grandes scènes historiques, mythologiques ou religieuses. Cette remise en question de la hiérarchie des genres va choquer les critiques. Les réactions des critiques étaient violentes: «Est-il possible de peindre des gens si affreux?»; «Oh! Les laides gens! Et quel
10 peuple! Et quand on est fait comme cela … l'on devrait au moins avoir le droit de ne pas se faire peindre!»; «Le laid en grandeur nature!»
Malgré la critique sévère *Un Enterrement à Ornans* devient vite une œuvre manifeste du réalisme dont Courbet fut le chef de
15 file.

outré par *empört*
la gravité le sérieux

affreux horrible

le chef de file le chef d'un mouvement artistique

1. Dites pourquoi le tableau a fait scandale en 1850.

Analyse du tableau

2. Imaginez la réaction de Gustave Courbet face à ses détracteurs. Rédigez une lettre ouverte dans laquelle Courbet défend son tableau et ses choix esthétiques.

Créativité

Le Salon de peinture

Le premier Salon de 1667, organisé par **l'Académie royale de peinture et de sculpture** dans le salon carré du **Louvre**, regroupe pour une exposition commune des membres de l'Académie. Le jury, favorisant **une peinture conventionnelle**, devient petit à petit un symbole de **conservatisme (l'Académisme)**. Dans la deuxième moitié du XIXe siècle, les critères de sélection d'admission au Salon sont contestés. D'autres salons et expositions indépendants se multiplient alors en marge du Salon officiel (notons le Pavillon du Réalisme de Courbet). Le plus fameux est **le Salon des Refusés de 1863**.

Courbet est refusé plusieurs fois au Salon. Au **Salon de 1850**, Courbet provoque le scandale avec «**Un enterrement à Ornans**».

1. Honoré de Balzac

1.1 Eugénie Grandet

Honoré de Balzac
Eugénie Grandet (1833)

(extrait du roman)

Approche

1. Décrivez l'affiche du film «Eugénie Grandet» inspiré par le roman de Balzac.

2. Formulez des hypothèses sur le contenu du roman.

Un père et sa fille

«Eugénie Grandet» raconte l'histoire d'un père qui sacrifie le bonheur de sa fille à son obsession pour l'argent. Eugénie a donné tout son argent à son cousin Charles dont elle est amoureuse. Charles veut rembourser les dettes de son père avec cet argent. Le conflit entre le vieux Grandet et sa fille Eugénie éclate.

– «Ma fille, lui dit Grandet, vous allez me dire où est votre trésor.»

– «Mon père, si vous me faites des présents dont je ne sois pas entièrement maîtresse, reprenez-les», répondit froidement
5 Eugénie en cherchant le napoléon sur la cheminée et le lui présentant.

Grandet saisit vivement le napoléon et le coula dans son gousset.

– «Je crois bien […] que je ne te donnerai plus rien. Pas seule-
10 ment ça!» dit-il. «Vous méprisez donc votre père, vous n'avez donc pas confiance en lui, vous ne savez donc pas ce que c'est qu'un père? S'il n'est pas tout pour vous, il n'est rien. Où est votre or?»

– «Mon père, je vous aime et vous respecte, malgré votre co-
15 lère; mais je vous ferai fort humblement observer que j'ai vingt-deux ans. Vous m'avez assez souvent dit que je suis majeure, pour que je le sache. J'ai fait de mon argent ce qu'il m'a plu d'en faire, et soyez sûr qu'il est bien placé …»

– «Où?»
20 – «C'est un secret inviolable, dit-elle. N'avez-vous pas vos secrets?»

– «Ne suis-je pas le chef de ma famille, ne puis-je avoir mes affaires?»

– «C'est aussi mon affaire.»
25 – «Cette affaire doit être mauvaise, si vous ne pouvez pas la dire à votre père, mademoiselle Grandet.»

– «Elle est excellente, et je ne puis pas la dire à mon père.»

– «Au moins, quand avez-vous donné votre or?» Eugénie fit un signe de tête négatif. – «Vous l'aviez encore le jour de votre
30 fête, hein?» Eugénie, devenue aussi rusée par amour que son père l'était par avarice, réitéra le même signe de tête. – «Mais l'on n'a jamais vu pareil entêtement, ni vol pareil», dit Grandet d'une voix qui alla *crescendo* et qui fit graduellement retentir la maison. «Comment! ici, dans ma propre maison, chez
35 moi, quelqu'un aura pris ton or! le seul or qu'il y avait! et je ne saurai pas qui? L'or est une chose chère. Les plus honnêtes filles peuvent faire des fautes, donner je ne sais quoi, cela se voit chez les grands seigneurs et même chez les bourgeois; mais donner de l'or, car vous l'avez donné à quelqu'un, hein?»
40 Eugénie fut impassible. «A-t-on vu pareille fille! Est-ce moi qui suis votre père? Si vous l'avez placé, vous en avez un reçu …»

– «Étais-je libre, oui ou non, d'en faire ce que bon me semblait? Était-ce à moi?»

– «Mais tu es un enfant.»
45 – «Majeure.»

---

un trésor ein Schatz, (hier) *Ersparnisse*

un présent un cadeau

un napoléon une pièce d'argent
la cheminée der Kamin

un gousset un porte-monnaie

l'or (m.) *das Gold*

inviolable tabou

rusé,e *listig*
l'avarice (f.) *der Geiz*
réitirer *noch einmal machen*

un reçu *eine Quittung*

abasourdi,e *verwirrt*
pâlir *bleich werden*
jurer *schimpfen*
la mauvaise graine *Unkraut*
(hier als Fluch gemeint)
abuser de qc *etw. missbrauchen*
égorger *tuer*
des bottes de maroquin
Stiefel aus feinstem Leder
la serpette *Gartenmesser (hier als Fluch verwendet)*

un mirliflor (vx.)
ein Taugenichts

sourciller *mit der Wimper zucken*

soumis,e *unterwürfig, gehorsam*

Nanon *das Hausmädchen der Familie Grandet*

Abasourdi par la logique de sa fille, Grandet pâlit, trépigna, jura; puis trouvant enfin des paroles, il cria: – «Maudit serpent de fille! ah! mauvaise graine, tu sais bien que je t'aime, et tu en abuses. Elle égorge son père! Pardieu, tu auras jeté notre fortune aux pieds de ce va-nu-pieds qui a des bottes de ₅₀ maroquin. Par la serpette de mon père, je ne peux pas te déshériter, nom d'un tonneau! mais je te maudis, toi, ton cousin, et tes enfants! Tu ne verras rien arriver de bon de tout cela, entends-tu? Si c'était à Charles, que … Mais, non, ce n'est pas possible. Quoi! ce méchant mirliflor m'aurait dévalisé …» Il ₅₅ regarda sa fille qui restait muette et froide. – «Elle ne bougera pas, elle ne sourcillera pas, elle est plus Grandet que je ne suis Grandet. Tu n'as pas donné ton or pour rien, au moins. Voyons, dis?» Eugénie regarda son père, en lui jetant un regard ironique qui l'offensa. «Eugénie, vous êtes chez moi, ₆₀ chez votre père. Vous devez, pour y rester, vous soumettre à ses ordres. Les prêtres vous ordonnent de m'obéir.» Eugénie baissa la tête. «Vous m'offensez dans ce que j'ai de plus cher», reprit-il, «je ne veux vous voir que soumise. Allez dans votre chambre. Vous y demeurerez jusqu'à ce que je vous permette ₆₅ d'en sortir. Nanon vous y portera du pain et de l'eau. Vous m'avez entendu, marchez!»

Honoré de Balzac: Eugénie Grandet. Editions Gallimard. 1972, p. 167–169

Compréhension

1. Vrai ou faux? Corrigez les phrases si elles ne sont pas correctes.
   a) Eugénie montre une pièce d'or à son père pour le rassurer.
   b) Elle dit à son père ce qu'elle a fait avec son argent.
   c) Elle a obtenu un reçu pour son or.
   d) Grandet se doute qu'elle a tout donné à son cousin Charles.
   e) A la fin, Eugénie s'enferme dans sa chambre pour échapper à la colère de son père.

Analyse

2. Caractérisez Monsieur Grandet.

3. Analysez les réactions d'Eugénie.

4. On a souvent comparé cet extrait du roman à une scène de théâtre. Justifiez cette observation.

Créativité

5. Seule dans sa chambre, Eugénie se confie à son journal intime. Écrivez le texte.

L'agonie du vieux Grandet

Grandet a appris qu'Eugénie avait donné toutes ses pièces d'or à Charles. Il le chasse de sa maison. La colère du vieux Grandet rend sa femme malade. Malgré les soins que lui apporte Grandet, Mme Grandet meurt et Grandet persuade Eugénie de renoncer à l'héritage de sa mère en sa faveur. Peu après, Grandet meurt lui aussi après avoir contemplé son or une dernière fois.

Enfin arrivèrent les jours d'agonie, pendant lesquels la forte charpente du bonhomme fut aux prises avec la destruction. Il voulut rester assis au coin de son feu, devant la porte de son cabinet. Il roulait toutes les couvertures que l'on mettait sur
5 lui, et disait à Nanon: – «Serre, serre ça, pour qu'on ne me vole pas.» Quand il pouvait ouvrir les yeux, où toute sa vie s'était réfugiée, il les tournait aussitôt vers la porte du cabinet où gisaient ses trésors en disant à sa fille: – «Y sont-ils? y sont-ils?», d'un son de voix qui dénotait une sorte de peur panique.
10 – «Oui, mon père.»
– «Veille à l'or, mets de l'or devant moi.»
Eugénie lui étendait des louis sur une table, et il demeurait des heures entières les yeux attachés sur les louis, comme un enfant qui, au moment où il commence à voir, contemple
15 stupidement le même objet; et, comme à un enfant, il lui échappait un sourire pénible.
– «Ça me réchauffe!» disait-il quelquefois en laissant paraître sur sa figure une expression de béatitude.
Lorsque le curé de la paroisse vint l'administrer, ses yeux, morts
20 en apparence depuis quelques heures, se ranimèrent à la vue de la croix, des chandeliers, du bénitier d'argent qu'il regarda fixement. Lorsque le prêtre lui approcha des lèvres le crucifix en vermeil pour lui faire baiser le Christ, il fit un épouvantable geste pour le saisir. Ce dernier effort lui coûta la vie. Il appela
25 Eugénie, qu'il ne voyait pas quoiqu'elle fût agenouillée devant lui et qu'elle baignât de ses larmes une main déjà froide.
– «Mon père, bénissez-moi.»
– «Aie bien soin de tout. Tu me rendras compte de ça là-bas», dit-il.

Honoré de Balzac: Eugénie Grandet. Editions Gallimard. 1972, p. 191–192

l'agonie (f.) die Agonie, der Todeskampf
la forte charpente (hier) der kräftige Körperbau

giser liegen

dénoter montrer, indiquer

veiller faire attention à
un louis (d'or) eine Goldmünze

la béatitude le bonheur, la félicité
la paroisse die Kirchengemeinde
administrer (hier) die Sterbenssakramente bringen
le bénitier d'argent das silberne Weihwasserbecken
en vermeil aus Silbergold, Golddoublé
agenouiller knien

rendre compte de qc (hier) für etwas geradestehen

1. Analysez comment l'égoïsme et l'avarice du père sont démontrés dans le texte.

2. «Aie bien soin de tout. Tu me rendras compte de ça là-bas.» (l. 28) Comment comprenez-vous la dernière phrase du père Grandet?

Analyse

Commentaire

3. Jacques Dubois, grand spécialiste du roman français du 19e siècle, écrit dans son ouvrage «Les romanciers du réel. De Balzac à Simenon» (2000): Balzac *«aime ses créatures, même les plus aviliés [méchantes] ou les plus cyniques»* (p. 187). Est-ce aussi vrai pour le personnage du père Grandet? Justifiez votre réponse.

Créativité

4. Après la mort de son père, Eugénie trouve une lettre dans laquelle il demande pardon à sa fille pour son comportement. Ecrivez cette lettre.

LA COMEDIE HUMAINE

ŒUVRES ILLUSTRÉES DE BALZAC.

EUGÉNIE GRANDET

Dess. T. Johannot, Staal, Bertall, E. Lampsonias, H. Monnier, etc.

Gravures par les meilleurs Artistes.

A MARIA.
—

Que votre nom, vous dont le portrait est le plus bel ornement de cet ouvrage, soit ici comme une branche de buis bénit, prise on ne sait à quel arbre, mais certainement sanctifiée par la religion et renouvelée, toujours verte, par des mains pieuses, pour protéger la maison.

DE BALZAC.
—

Il se trouve dans certaines provinces des maisons dont la vue inspire une mélancolie égale à celle que provoquent les cloîtres les plus sombres, les landes les plus ternes ou les ruines les plus tristes. Peut-être y a-t-il à la fois dans ces maisons et le silence du cloître et l'aridité des landes et les ossements des ruines. La vie et le mouvement y sont si tranquilles, qu'un étranger les croirait inhabitées, s'il ne rencontrait tout à coup le regard pâle et froid d'une personne immobile dont la figure à demi monastique dépasse l'appui de la croisée, au bruit d'un pas inconnu. Ces principes de mélancolie existent dans la physionomie d'un logis situé à Saumur, au bout de la rue montueuse

Le père Grandet, tonnelier.

qui mène au château, par le haut de la ville. Cette rue, maintenant peu fréquentée, chaude en été, froide en hiver, obscure en quelques endroits, est remarquable par la sonorité de son petit pavé cailloutenx, toujours propre et sec, par l'étroitesse de sa voie tortueuse, par la paix de ses maisons, qui appartiennent à la vieille ville, et que dominent les remparts. Des habitations trois fois séculaires y sont encore solides, quoique construites en bois, et leurs divers aspects contribuent à l'originalité qui recommande cette partie de Saumur à l'attention des antiquaires et des artistes. Il est difficile de passer devant ces maisons sans admirer les énormes madriers dont les bouts sont taillés en figures bizarres et qui couronnent d'un bas-relief noir le rez-dechaussée de la plupart d'entre elles. Ici, des pièces de bois transversales sont couvertes en ardoises et dessinent des figures bleues sur les frêles murailles d'un logis terminé par un toit en colombage que les ans ont fait plier, dont les bardeaux pourris ont été tordus par l'action alternative de la pluie et du soleil. Là se présentent des appuis de fenêtre usés, noircis, dont les délicates sculptures se voient à peine,

58

1.2 Le Père Goriot

Honoré de Balzac
Le Père Goriot (1834)

(extrait du roman)

1. Décrivez la couverture de la BD «Le Père Goriot» dessinée d'après le roman d'Honoré de Balzac.

2. Formulez des hypothèses sur le contenu du roman.

Approche

un vermicellier (vx.): *ein Nudelfabrikant*

Paris 1813. Monsieur Goriot, un ancien vermicellier qui s'est enrichi pendant la Révolution Française, vient de s'installer dans la «Maison Vauquer», une misérable pension qui accueille surtout des étudiants …

Compréhension | **1.** Qu'apprend-on sur le protagoniste du roman, le père Goriot?

Créativité | **2.** Inventez une biographie du père Goriot. Pourquoi s'installe-t-il dans une pension si misérable?

La mort du père Goriot

tenir qn à l'écart *Abstand zu jdm. halten*
mener grand train *vivre une vie luxurieuse*

Le père Goriot s'est quasiment ruiné pour ses filles, **Anastasie** et **Delphine** qui le tiennent à l'écart de leur vie. Elles mènent grand train auprès de leurs maris aristocrates, mais elles ont honte de leur père. Goriot, qui croyait pouvoir quitter la misérable pension Vauquer avec **Eugène de Rastignac**, un jeune étudiant vivant dans la même pension, pour être auprès de sa fille Delphine, meurt en apprenant brutalement la situation familiale et financière désastreuse de ses filles.

Le père Goriot par Daumier (1842)

– «Je suis un misérable. Je suis justement puni. Moi seul ai causé les désordres de mes filles, je les ai gâtées. Elles veulent au-
5 jourd'hui le plaisir, comme elles voulaient autrefois du bonbon.
Je leur ai toujours permis de satisfaire leurs fantaisies de jeunes filles. A quinze ans, elles avaient voiture! Rien ne leur a résisté. Moi seul suis coupable, mais coupable par amour.
10 Leur voix m'ouvrait le cœur. Je les entends, elles viennent. Oh! oui, elles viendront. La loi veut qu'on vienne voir mourir son père, la loi est pour moi. Puis ça ne coûtera qu'une course. Je la paierai. Ecrivez-leur que j'ai des millions à leur laisser! […] Vous ne mentirez pas, dites-leur des millions, et quand
15 même elles viendraient par avarice, j'aime mieux être trompé, je les verrai. Je veux mes filles! je les ai faites! elles sont à moi!» dit-il en se dressant sur son séant en montrant à Eugène une tête dont les cheveux blancs étaient épars et qui menaçait par tout ce qui pouvait exprimer la menace.
20 – «Allons, lui dit Eugène, recouchez-vous, mon bon père Goriot, je vais leur écrire. […] j'irai si elles ne viennent pas.»
– «Si elles ne viennent pas? répéta le vieillard en sanglotant. Mais je serai mort, mort dans un accès de rage, de rage! La rage me gagne! En ce moment, je vois ma vie entière. Je suis
25 dupe! elles ne m'aiment pas, elles ne m'ont jamais aimé! cela est clair. Si elles ne sont pas venues, elles ne viendront pas. Plus elles auront tardé, moins elles se décideront à me faire cette joie. Je les connais. Elles n'ont jamais rien su deviner de mes chagrins, de mes douleurs, de mes besoins, elles ne devi-
30 neront pas plus ma mort elles ne sont seulement pas dans le secret de ma tendresse. Oui, je le vois, pour elles, l'habitude de m'ouvrir les entrailles a ôté du prix à tout ce que je faisais. Elles auraient demandé à me crever les yeux, je leur aurais dit: «Crevez-les!» Je suis trop bête. Elles croient que tous les pères
35 sont comme le leur. Il faut toujours se faire valoir. Leurs enfants me vengeront. Mais c'est dans leur intérêt de venir ici. […] Mais allez donc, dites-leur donc que, ne pas venir, c'est

gâter qn *jdn. verwöhnen*

l'avarice (f.) *der Geiz*

un séant *ein Sitz*

sangloter pleurer
un accès de rage *ein Wutanfall*

être dupe de qn se laisser tromper par qn

tarder être en retard

les entrailles (f.) le ventre

un **parricide** le meurtre
d'un père

la **récompense** die Belohnung
l'**abandon** (m.) la solitude
un **scélérat** une personne
méchante
abominer qn détester qn
maudire qn jdn. verfluchen
un **cercueil** ein Sarg

épouvanté terrifié

la **garde** die Wache
la **ligne** (hier) die Gendarmerie

guéri geheilt

la **bénédiction** der Segen
acquitter die Schulden
begleichen

la **tisane** le thé

un **gendre** ein Schwiegersohn

un parricide! Elles en ont assez commis sans ajouter celui-là. Criez donc comme moi: «Hé, Nasie! hé, Delphine! venez à votre père qui a été si bon pour vous et qui souffre!» Rien, 40 personne. Mourrai-je donc comme un chien? Voilà ma récompense, l'abandon. Ce sont des infâmes, des scélérates; je les abomine, je les maudis, je me relèverai, la nuit, de mon cercueil pour les remaudire, car, enfin, mes amis, ai-je tort? Elles se conduisent bien mal! hein? Qu'est-ce que je dis? Ne 45 m'avez-vous pas averti que Delphine est là? C'est la meilleure des deux. Vous êtes mon fils, Eugène, vous! aimez-la, soyez un père pour elle. L'autre est bien malheureuse. Et leurs fortunes! Ah, mon Dieu! J'expire, je souffre un peu trop! Coupez-moi la tête, laissez-moi seulement le cœur.» 50

– «Christophe, allez chercher [le docteur] Bianchon, s'écria Eugène épouvanté du caractère que prenaient les plaintes et les cris du vieillard, et ramenez-moi un cabriolet.»

– «Je vais aller chercher vos filles, mon bon père Goriot, je vous les ramènerai.» 55

– «De force, de force! Demandez la garde, la ligne, tout! tout», dit-il en jetant à Eugène un dernier regard où brilla la raison. Dites au gouvernement, au procureur du roi, qu'on me les amène, je le veux!»

– «Mais vous les avez maudites.» 60

– «Qui est-ce qui a dit cela? répondit le vieillard stupéfait. Vous savez bien que je les aime, je les adore! je suis guéri si je les vois [...] Allez, mon bon voisin, mon cher enfant, allez, vous êtes bon, vous; je voudrais vous remercier, mais je n'ai rien à vous donner que les bénédictions d'un mourant. Ah! je 65 voudrais au moins voir Delphine pour lui dire de m'acquitter envers vous. Si l'autre ne peut pas, amenez-moi celle-là. Dites-lui que vous ne l'aimerez plus si elle ne veut pas venir. Elle vous aime tant qu'elle viendra. A boire, les entrailles me brûlent! Mettez-moi quelque chose sur la tête. La main de 70 mes filles, ça me sauverait, je le sens ... Mon Dieu! qui refera leurs fortunes si je m'en vais? ...»

– «Buvez ceci», dit Eugène en soulevant le moribond et le prenant dans son bras gauche tandis que de l'autre il tenait une tasse pleine de tisane. 75

– «Vous devez aimer votre père et votre mère, vous!» dit le vieillard en serrant de ses mains défaillantes la main d'Eugène. «Comprenez-vous que je vais mourir sans les voir, mes filles? Avoir soif toujours, et ne jamais boire, voilà comment j'ai vécu depuis dix ans ... Mes deux gendres ont tué mes 80 filles. Oui, je n'ai plus eu de filles après qu'elles ont été mariées. Pères, dites aux Chambres de faire une loi sur le ma-

riage! Enfin, ne mariez pas vos filles si vous les aimez. Le gendre est un scélérat qui gâte tout chez une fille, il souille
85 tout. Plus de mariages! C'est ce qui nous enlève nos filles, et nous ne les avons plus quand nous mourons. Faites une loi sur la mort des pères. C'est épouvantable, ceci! Vengeance! Ce sont mes gendres qui les empêchent de venir. Tuez-les! A mort le Restaud, à mort l'Alsacien, ils sont mes assassins! La
90 mort ou mes filles! Ah! c'est fini, je meurs sans elles! Elles! Nasie, Fifine, allons, venez donc! Votre papa sort …»

– «Mon bon père Goriot, calmez-vous, voyons, restez tranquille, ne vous agitez pas, ne pensez pas.»

– «Ne pas les voir, voilà l'agonie!»

95 – «Vous allez les voir.»

– «Vrai! cria le vieillard égaré. Oh! les voir! je vais les voir, entendre leur voix. Je mourrai heureux. Eh bien! oui, je ne demande plus à vivre, je n'y tenais plus, les peines allaient croissant. Mais les voir, toucher leurs robes, ah! rien que leurs
100 robes, c'est bien peu; mais que je sente quelque chose d'elles! Faites-moi prendre les cheveux … veux …»

Il tomba la tête sur l'oreiller comme s'il recevait un coup de massue. Ses mains s'agitèrent sur la couverture comme pour prendre les cheveux de ses filles.
105 – «Je les bénis, dit-il en faisant un effort, bénis.»

Il s'affaissa tout à coup.

Honoré de Balzac: Le Père Goriot. Compagnie du Livre Français. Lausanne 1975, p. 287–290

souiller beschmutzen/in den Schmutz ziehen

le Restaud/l'Alsacien *Beinamen der beiden Schwiegersöhne Goriots*

égaré,e confus

les peines allaient croissant (etwa) *die Schmerzen wären zu groß*

s'agiter bouger

bénir qn jdn. segnen
faire un effort sich anstrengen
s'affaisser niedersinken

1. Distinguez les différentes parties du texte. Donnez un titre à chacune de ces parties.   **Compréhension**

2. Décrivez la relation entre le père Goriot et ses filles Anastasie et Delphine.   **Analyse**

3. Etudiez l'emploi du temps dans ce passage du roman.

4. Comparez le père Goriot au père Grandet.   **Comparaison**

5. Comparez la scène de la mort de Goriot à l'agonie de Grandet.

6. Quel rôle est attribué à l'argent dans les extraits des deux romans?

7. Eugène de Rastignac, le jeune homme auprès du lit du père Goriot, est témoin de la mort du vieux Goriot. Ecrivez ses pensées sous forme de monologue intérieur.   **Créativité (au choix)**

8. Eugène de Rastignac écrit une lettre aux deux filles du père Goriot, il y décrit la mort et les dernières pensées de leur père.

«La Comédie humaine»

Balzac a organisé ses romans en **un vaste ensemble**, *La Comédie humaine*, dont le titre est une référence à *La Divine Comédie* du poète italien **Dante Alighieri** (1265–1321). Son projet est d'explorer les différentes classes sociales et les individus qui les composent. Le **cycle romanesque** de *La Comédie humaine* et le **principe des personnages reparaissants** (personnages qui réapparaissent dans différents romans) ont également influencé de nombreux auteurs de son siècle et du siècle suivant, notamment **Émile Zola** pour le cycle des *Rougon-Macquart* et, plus tard, **Marcel Proust** pour son œuvre *A la recherche du temps perdu*.

La Comédie humaine –
Œuvres illustrées de Balzac

1.3 Avant-propos à la Comédie humaine

Honoré de Balzac
Avant-propos à la Comédie humaine (1842)
(essai théorique)

fécond,e créatif
dresser l'inventaire faire une liste
le vice das Laster
la vertu die Tugend
rassembler qc auflisten
peindre dessiner

Le hasard est le plus grand romancier du monde: pour être fécond, il n'y a qu'à l'étudier. La Société française allait être l'historien, je ne devais être que le secrétaire. En dressant l'inventaire des vices et des vertus, en rassemblant les principaux faits des passions, en peignant les caractères, en choisissant ⁵ les événements principaux de la Société, en composant des types par la réunion des traits de plusieurs caractères homo-

gènes, peut-être pouvais-je arriver à écrire l'histoire oubliée par tant d'historiens, celle des mœurs. Avec beaucoup de pa-
10 tience et de courage, je réaliserais, sur la France au dix-neu-vième siècle, ce livre que nous regrettons tous, que Rome, Athènes, Tyr, Memphis, la Perse, l'Inde ne nous ont malheu-reusement pas laissé sur leurs civilisations […].

Ce travail n'était rien encore. S'en tenant à cette reproduc-
15 tion rigoureuse, un écrivain pouvait devenir un peintre plus ou moins fidèle, plus ou moins heureux, patient ou coura-geux des types humains, le conteur des drames de la vie in-time, l'archéologue du mobilier social, le nomenclateur des professions, l'enregistreur du bien et du mal; mais, pour méri-
20 ter les éloges que doit ambitionner tout artiste, ne devais-je pas étudier les raisons ou la raison de ces effets sociaux, sur-prendre le sens caché dans cet immense assemblage de fi-gures, de passions et d'événements.

Honoré de Balzac: Ecrits sur le roman. Paris. Livre de poche 2000, p. 275–306

les mœurs (f.) *die Sitten*

regretter qc *(hier) vermissen*

s'en tenir à *sich halten an*

le conteur le narrateur
le nomenclateur *der Archivar*
l'enregistreur qn qui enregistre
les éloges (m.) les félicitations

1. Décrivez le rôle et le travail de l'écrivain selon Balzac.

2. Analysez le but de son projet littéraire.

> **L'animal social**
>
> «Cette idée [d'écrire la Comédie humaine] vint d'une comparaison entre l'humanité et l'animalité.»
> Honoré de Balzac

3. Expliquez la citation de Balzac.

4. Décrivez le dessin de Grandville.

2. Stendhal

2.1 Le Rouge et le noir

Stendhal
Le Rouge et le noir (1830)
(extrait du roman)

Approche | «Le Rouge et le noir» – dites ce que vous associez à ces deux couleurs.

un précepteur un éducateur
un charpentier ein Zimmermann
une scierie ein Sägewerk

M. de Rênal, maire d'une petite ville de Franche-Compté, Verrières, décide d'engager comme précepteur de ses enfants le fils d'un charpentier, **Julien Sorel**. Il présente ses offres au **père Sorel**: celui-ci va chercher son fils à la scierie.

Un père et un fils

une voix de stentor une voix très haute
une hache eine Axt
équarrir les troncs de sapin die Fichtenstämme bearbeiten

la scie die Säge
à cheval im Reitersitz
la toiture der Dachbalken

odieux,se widerlich

lestement rapidement

En approchant de son usine, le père Sorel appela Julien de sa voix de stentor; personne ne répondit. Il ne vit que ses fils aînés, espèces de géants qui, armés de lourdes haches, équarrissaient les troncs de sapin, qu'ils allaient porter à la scie. [...] Ils n'entendirent pas la voix de leur père. Celui-ci se dirigea 5 vers le hangar; en y entrant, il chercha vainement Julien à la place qu'il aurait dû occuper, à côté de la scie. Il l'aperçut à cinq ou six pieds plus haut, à cheval sur l'une des pièces de la toiture. Au lieu de surveiller attentivement l'action de tout le mécanisme, Julien lisait. Rien n'était plus antipathique au 10 vieux Sorel; il eût peut-être pardonné à Julien sa taille mince, peu propre aux travaux de force, et si différente de celle de ses aînés; mais cette manie de lecture lui était odieuse, il ne savait pas lire lui-même. Ce fut en vain qu'il appela Julien deux ou trois fois. 15
L'attention que le jeune homme donnait à son livre, bien plus que le bruit de la scie, l'empêcha d'entendre la terrible voix de son père. Enfin, malgré son âge, celui-ci sauta leste-

ment sur l'arbre soumis à l'action de la scie, et de là sur la
20 poutre transversale qui soutenait le toit. Un coup violent fit
voler dans le ruisseau le livre que tenait Julien; un second
coup aussi violent, donné sur la tête [...] lui fit perdre l'équi-
libre. Il allait tomber à douze ou quinze pieds plus bas, au
milieu des leviers de la machine en action, qui l'eussent brisé,
25 mais son père le retint de la main gauche, comme il tombait:
– Eh bien, paresseux! Tu liras donc toujours tes maudits livres,
pendant que tu es de garde à la scie? Lis-les le soir, quand tu
vas perdre ton temps chez le curé, à la bonne heure.
Julien, quoique étourdi par la force du coup, et tout sanglant,
30 se rapprocha de son poste officiel, à côté de la scie. Il avait les
larmes aux yeux, moins à cause de la douleur physique que
pour la perte de son livre qu'il adorait.
– Descends, animal, que je te parle.
Le bruit de la machine empêcha encore Julien d'entendre cet
35 ordre. Son père qui était descendu, ne voulant pas se donner
la peine de remonter sur le mécanisme, alla chercher une
longue perche pour abattre des noix, et l'en frappa sur
l'épaule. A peine Julien fut-il à terre, que le vieux Sorel, le
chassant rudement devant lui, le poussa vers la maison.
40 «Dieu sait ce qu'il va me faire!» se disait le jeune homme. En
passant, il regarda tristement le ruisseau où était tombé son
livre; c'était celui de tous qu'il affectionnait le plus, *le Mémorial de Sainte-Hélène*.
Il avait les joues pourpres et les yeux baissés. C'était un petit
45 jeune homme de dix-huit à dix-neuf ans, faible en apparence,
avec des traits irréguliers, mais délicats, et un nez aquilin. De
grands yeux noirs, qui, dans les moments tranquilles, annon-
çaient de la réflexion et du feu, étaient animés en cet instant
de l'expression de la haine la plus féroce. [...] Dès sa première
50 jeunesse, son air extrêmement pensif et sa grande pâleur
avaient donné l'idée à son père qu'il ne vivrait pas, ou qu'il
vivrait pour être une charge à sa famille. Objet des mépris de
tous à la maison, il haïssait ses frères et son père; dans les jeux
du dimanche, sur la place publique, il était toujours battu.
55 [...]

Stendhal: Le Rouge et le noir. Le Livre de Poche 1983, p. 28–30

la poutre traversale der
Querbalken
un ruisseau une petite rivière

les leviers (*hier*) die Sägeblätter
briser zerbrechen, zermalmen

un paresseux ein Faulpelz

étourdi,e benommen

une perche eine Stange

affectionner qc aimer qc

un nez aquilin eine Adlernase

la pâleur sans couleur

haïr qc détester qc

Analyse

1. Décrivez le milieu social dans lequel Julien grandit. Dites en
   quoi Julien est étranger à ce milieu.

2. Analysez le rôle du Mémorial de Sainte-Hélène pour Julien en
   vous référant à l'encadré ci-dessous. Expliquez la réaction du
   père face à son fils qui est en train de lire.

Le Mémorial de Sainte-Hélène …

… est un récit écrit par **Emmanuel de Las Cases** (1822/1823) dans lequel celui-ci a recueilli les **mémoires de Napoléon Bonaparte** au cours d'entretien avec l'Empereur, lors de son exil sur l'île Sainte-Hélène. Las Casas présente Napoléon comme **un héros des Lumières** répandant la **liberté** dans toute l'Europe. Le Mémorial devient **le livre-culte de la jeune génération** déçue par la Restauration. Le livre contribue considérablement à la **légende napoléonienne**.

Jacques-Louis David: Bonaparte franchissant le Grand-Saint-Bernard (1800), Château de Malmaison

Une négociation

un lisard (péj.) un lecteur

– Réponds-moi sans mentir, si tu le peux, chien de *lisard*; d'où connais-tu Mme de Rênal, quand lui as-tu parlé?
– Je ne lui ai jamais parlé, répondit Julien, je n'ai jamais vu cette dame qu'à l'église.

un vilain effronté *ein ungezogener Bengel*

– Mais tu l'auras regardée, vilain effronté? ⁵
– Jamais! Vous savez qu'à l'église je ne vois que Dieu, ajouta Julien, avec un petit air hypocrite […].

se taire ne rien dire
maudit *verflucht*

– Il y a pourtant quelque chose là-dessous, répliqua le paysan malin, et il se tut un instant; mais je ne saurai rien de toi, maudit hypocrite. Au fait, je vais être délivré de toi, et ma scie ¹⁰ n'en ira que mieux. Tu as gagné M. le curé ou tout autre, qui

procurer assurer, fournir
mener qn chez qn *bringen zu*

t'a procuré une belle place. Va faire ton paquet, et je te mènerai chez M. de Rênal, où tu seras précepteur des enfants.

– Qu'aurai-je pour cela?

15 – La nourriture, l'habillement et trois cents francs de gages.

– Je ne veux pas être domestique.

un domestique un servant

– Animal, qui te parle d'être domestique, est-ce que je voudrais que mon fils fût domestique?

– Mais, avec qui mangerai-je?

20 Cette demande déconcerta le vieux Sorel, il sentit qu'en parlant, il pourrait commettre quelque imprudence; il s'emporta contre Julien, qu'il accabla d'injures, en l'accusant de gourmandise, et le quitta pour aller consulter ses autres fils.

s'emporter contre qn se fâcher
accabler qn accuser qn
la gourmandise (hier) die Verzogenheit

Julien les vit bientôt après, chacun appuyé sur sa hache et te-
25 nant conseil. Après les avoir longtemps regardés, Julien, voyant qu'il ne pouvait rien deviner, alla se placer de l'autre côté de la scie, pour éviter d'être surpris. Il voulait penser à cette annonce imprévue qui changeait son sort, mais il se sentit incapable de prudence; son imagination était tout entière
30 à se figurer ce qu'il verrait dans la belle maison de M. de Rênal. «Il faut renoncer à tout cela, se dit-il, plutôt que de se laisser réduire à manger avec les domestiques. Mon père voudra m'y forcer; plutôt mourir. J'ai quinze francs huit sous d'économies, je me sauve cette nuit; en deux jours, par des chemins
35 de traverse où je ne crains nul gendarme, je suis à Besançon;

se sauver partir, fuir

là, je m'engage comme soldat, et, s'il le faut, je passe en Suisse. Mais alors plus d'avancement, plus d'ambition pour moi, plus de ce bel état de prêtre qui mène à tout.»

un état ein (sozialer) Stand

Stendhal: Le Rouge et le Noir. Le Livre de Poche. 1983, p. 31 32

1. Analysez la relation entre Julien et son père dans les deux extraits du roman. Démontrez qu'il s'agit d'un conflit de générations.

Analyse

2. Comparez la relation de Julien et son père à la relation d'Eugénie Grandet et son père.

Une soirée à la campagne

Julien est engagé comme précepteur dans la maison de M. de Rênal. Malgré sa timidité naturelle, il parvient peu à peu à séduire Mme de Rênal, jeune femme assez belle, mais également d'une naïve timidité.

Le soleil en baissant, et rapprochant le moment décisif, fit battre le cœur de Julien d'une façon singulière. La nuit vint. Il observa, avec une joie qui lui ôta un poids immense de

ôter qc enlever

illustration par
Henri Dubouchet

dessus la poitrine, qu'elle serait fort obscure. Le ciel chargé de ⁵ gros nuages, promenés par un vent très chaud, semblait annoncer une tempête. Les deux amies se promenèrent fort tard. Tout ce qu'elles faisaient ce soir- ¹⁰ là semblait singulier à Julien.

Elles jouissaient de ce temps, qui, pour certaines âmes délicates, semble augmenter le plaisir d'aimer.

On s'assit enfin, Mme de Rênal à côté de Julien, et Mme Derville près de son amie. Préoccupé de ce qu'il allait tenter, Ju- ¹⁵ lien ne trouvait rien à dire. La conversation languissait.

«Serai-je aussi tremblant, et malheureux au premier duel qui me viendra?» se dit Julien, car il avait trop de méfiance et de lui et des autres, pour ne pas voir l'état de son âme.

Dans sa mortelle angoisse, tous les dangers lui eussent semblé ²⁰ préférables. Que de fois ne désira-t-il pas voir survenir à Mme de Rênal quelque affaire qui l'obligeât de rentrer à la maison et de quitter le jardin! La violence que Julien était obligé de se faire était trop forte pour que sa voix ne fût pas profondément altérée; bientôt la voix de Mme de Rênal devint trem- ²⁵ blante aussi, mais Julien ne s'en aperçut point. L'affreux combat que le devoir livrait à la timidité était trop pénible pour qu'il fût en état de rien observer hors lui-même. Neuf heures trois quarts venaient de sonner à l'horloge du château, sans qu'il eût encore rien osé. Julien, indigné de sa lâcheté, se dit: ³⁰ «Au moment précis où dix heures sonneront, j'exécuterai ce que, pendant toute la journée; je me suis promis de faire ce soir, ou je monterai chez moi me brûler la cervelle.»

Après un dernier moment d'attente et d'anxiété, pendant lequel l'excès de l'émotion mettait Julien comme hors de lui, ³⁵ dix heures sonnèrent à l'horloge qui était au-dessus de sa tête. Chaque coup de cette cloche fatale retentissait dans sa poitrine, et y causait comme un mouvement physique.

Enfin, comme le dernier coup de dix heures retentissait encore, il étendit la main et prit celle de Mme de Rênal, qui la ⁴⁰ retira aussitôt. Julien, sans trop savoir ce qu'il faisait, la saisit de nouveau. Quoique bien ému lui-même, il fut frappé de la

---

tenter qc essayer qc
languir devenir ennuyeux

survenir manifester
obliger forcer

affreux,se (f.) horrible

l'horloge la montre
oser qc risquer
être indigné,e être choqué
la lâcheté la faiblesse

se brûler la cervelle se tuer par un coup de pistolet
l'anxiété (f.) la peur

une cloche *eine Glocke*
retentir sonner

saisir qc prendre qc
frappé,e étonné, surpris

froideur glaciale de la main qu'il prenait; il la serrait avec une
force convulsive; on fit un dernier effort pour la lui ôter, mais
45 enfin cette main lui resta.

Son âme fut inondée de bonheur, non qu'il aimât Mme de
Rênal, mais un affreux supplice venait de cesser. Pour que
Mme Derville ne s'aperçût de rien, il se crut obligé de parler;
sa voix alors était éclatante et forte. Celle de Mme de Rênal,
50 au contraire, trahissait tant d'émotion, que son amie la crut
malade et lui proposa de rentrer. Julien sentit le danger: «Si
Mme de Rênal rentre au salon, je vais retomber dans la posi-
tion affreuse où j'ai passé la journée. J'ai tenu cette main trop
peu de temps pour que cela compte comme un avantage qui
55 m'est acquis.»

Au moment où Mme Derville renouvelait la proposition de
rentrer au salon, Julien serra fortement la main qu'on lui
abandonnait.

Mme de Rênal, qui se levait déjà, se rassit, en disant, d'une
60 voix mourante:

– Je me sens, à la vérité, un peu malade, mais le grand air me
fait du bien.

Ces mots confirmèrent le bonheur de Julien, qui, dans ce moment, était extrême: il parla, il oublia de feindre, il parut
65 l'homme le plus aimable aux deux amies qui l'écoutaient. […]
Pour Mme de Rênal la main dans celle de Julien, elle ne pensait à rien; elle se laissait vivre. Les heures qu'on passa sous ce
grand tilleul […] furent pour elle une époque de bonheur. Elle
écoutait avec délices les gémissements du vent dans l'épais
70 feuillage du tilleul, et le bruit de quelques gouttes rares qui
commençaient à tomber sur ses feuilles les plus basses.

Julien ne remarqua pas une circonstance qui l'eût bien rassuré;
Mme de Rênal, qui avait été obligée de lui ôter sa main, parce
qu'elle se leva pour aider sa cousine à relever un vase de fleurs
75 que le vent venait de renverser à leurs pieds, fut à peine assise
de nouveau, qu'elle lui rendit sa main presque sans difficulté,
et comme si déjà c'eût été entre eux une chose convenue.

Minuit était sonné depuis longtemps; il fallut enfin quitter le
jardin: on se sépara. Mme de Rênal, transportée du bonheur d'ai-
80 mer, était tellement ignorante, qu'elle ne se faisait aucun reproche. Le bonheur lui ôtait le sommeil. Un sommeil de plomb
s'empara de Julien, mortellement fatigué des combats que toute
la journée la timidité et l'orgueil s'étaient livrés dans son cœur.
Le lendemain on le réveilla à cinq heures […]. Il avait fait *son*
85 *devoir, et un devoir héroïque.* Rempli de bonheur par ce sentiment, il s'enferma à clef dans sa chambre, et se livra avec un
plaisir tout nouveau à la lecture des exploits de son héros.

glacial,e *eisig*
convulsif,ve *empressé*

inondé de bonheur *vor Glück
überlaufend*
un supplice *une torture*

abandonner *(hier) überlassen*
se rasseoir *s'asseoir de
nouveau*

feindre *faire semblant, simuler*

un tilleul *eine Linde*
le gémissement *das Stöhnen*

une chose convenue *eine
abgemachte Sache*

l'orgueil (m.) *la fierté*

s'enfermer à clef *fermer la
porte avec une clé*
un exploit *eine Heldentat*

Quand la cloche du déjeuner se fit entendre, il avait oublié, en lisant les bulletins de la Grande Armée, tous ses avantages de la veille. Il se dit, d'un ton léger, en descendant au salon: 90 «Il faut dire à cette femme que je l'aime.»

Stendhal: Le Rouge et le Noir. Le Livre de Poche. 1983, p. 31–32

Compréhension	**1.** Décrivez le comportement de Julien envers Mme de Rênal.
Analyse	**2.** Comparez les sentiments de Julien à ceux de Mme de Rênal.
	3. Caractérisez Julien à partir des informations dans les trois textes.
Créativité	**4.** Pendant la nuit, Mme de Rênal écrit dans son journal intime. Elle y fait part de ses sentiments, ses craintes, ses espérances … Ecrivez le texte, puis comparez vos textes en classe.

2.2 La métaphore du miroir – Le réalisme stendhalien

Stendhal n'a pas développé une véritable doctrine de son art. L'essentiel de ses convictions esthétiques paraît bien se résumer dans la fameuse métaphore du miroir placée en épigraphe d'un chapitre du roman «Le Rouge et le noir».

tantôt … tantôt *mal … mal*
la fange *der Schlamm*
le bourbier *das Sumpfloch*
la hotte *Kiepe, Tragkorb*

croupir *pourrir/stagner*

«Eh, monsieur, un roman est un miroir qui se promène sur une grande route. Tantôt il reflète à vos yeux l'azur des cieux, tantôt la fange des bourbiers de la route. Et l'homme qui porte le miroir dans sa hotte sera accusé par vous d'être immoral! Son miroir montre la fange, et vous accusez le miroir! 5 Accusez bien plutôt le grand chemin où est le bourbier, et plus encore l'inspecteur des routes qui laisse l'eau croupir et le bourbier se former.»

Stendhal: Le Rouge et le noir. Le Livre de Poche. 1983, p. 381

1. Essayez de visualiser cette métaphore sous forme de dessin. Expliquez-la ensuite.

2. Quelle est le rôle de l'écrivain selon Stendhal?

3. En quoi peut-on parler d'un «réalisme subjectif» chez Stendhal?

Balzac et Stendhal – pour en savoir plus

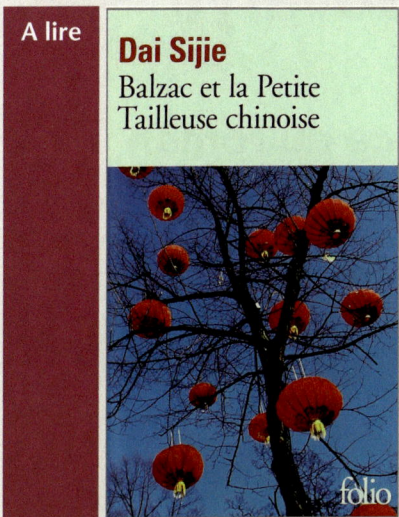

Dai Sijie: Balzac et la petite tailleuse chinoise

La Chine dans les années 1970. Pendant la **Révolution culturelle chinoise,** deux lycéens, le narrateur et son ami Luo, sont exilés dans un village de montagne pour y être «rééduqués». Les deux adolescents mènent une vie dure mais s'évadent dans la lecture des **romans de Balzac** […] Récompensé par de nombreux prix, ce premier roman de Dai Sijie est un formidable **hommage au pouvoir de la littérature.**

Collection Folio, Editions Gallimard

Stendhal: Vanina Vanini (nouvelle)

«Un soir du printemps de 182*», au cours d'un bal donné dans un des plus prestigieux palais de Rome, le prince le plus élégant danse avec la princesse la plus belle. Mais rien n'est simple dans le monde des passions. Stendhal évoque, dans **Vanina Vanini,** une Italie complexe et exaltée. La belle jeune fille ne tombera pas amoureuse du beau prince mais d'un jeune révolutionnaire poursuivi par la police et épris de liberté. Ft la passion qui naît sera si intense que l'héroïne se montrera prête à tout pour garder le jeune homme auprès d'elle …

Projektarbeit/Facharbeit

Balzac et Stendhal

- Comparez le **père Grandet** du roman «Eugénie Grandet» à **Harpagon**, le protagoniste de «L'Avare», **comédie de Molière.**

- Etudiez **la théorie de l'amour** que **Stendhal** décrit dans le premier chapitre de son ouvrage «**De l'amour**».

3. Gustave Flaubert et son roman «Madame Bovary»

3.1 La naissance du roman moderne

Approche

Emma Bovary (Isabelle Huppert) dans le film de Claude Chabrol (1991)

«C'est une histoire totalement inventée; je n'y ai rien mis de mes sentiments ni de mon existence. L'illusion (s'il en est une) vient au contraire de l'impersonnalité de l'œuvre. C'est un de mes principes qu'il ne faut pas s'écrire. L'artiste doit être dans son œuvre comme Dieu dans sa création; invisible et tout-puissant; qu'on le sente partout, mais qu'on ne le voit pas.»

Gustave Flaubert (Lettre à Mlle Leroyer de Chantepie du 18 mars 1857)

1. Décrivez l'affiche de cinéma du film «Emma Bovary» de Claude Chabrol (1991).

2. Formulez des hypothèses sur le caractère et l'état d'âme d'Emma.

3.2 «Le Bovarysme»

caricature de Quentin Blake inspirée par le livre «Comme un roman» de Daniel Pennac

1. Regardez les dessins avec votre partenaire et expliquez-les. Choisissez deux dessins et écrivez des petits dialogues qui illustrent les phrases.

2. Classez les «droits du lecteur» par ordre de préférence. Présentez votre palmarès aux autres.

3. Expliquez «le droit au bovarysme» (règle 6) en vous référant à l'encadré en bas.

le plan le niveau

vain,e *vergeblich, sinnlos, eitel*

démesuré,e sans mesure

Définition: Le Bovarysme
État d'insatisfaction, sur les plans affectif et social, qui se rencontre en particulier chez certaines jeunes femmes névrosées et qui se traduit par des ambitions vaines et démesurées, une fuite dans l'imaginaire et le romanesque. Ce mot vient du nom de Madame Bovary, héroïne du roman de Gustave Flaubert. [*lettres.org*]

3.3 Madame Bovary – extraits du roman

Rêves et lectures

Fille d'un agriculteur aisé, la jeune Emma est élevée au couvent.

Jean Honoré Fragonard: Jeune fille lisant

Il y avait au couvent une vieille fille qui venait tous les mois, pendant huit jours, travailler à la lingerie. Protégée par l'archevêché comme appartenant
5 à une ancienne famille de gentils-hommes ruinés sous la Révolution, elle mangeait au réfectoire à la table des bonnes sœurs, et faisait avec elles, après le repas, un petit bout de cau-
10 sette avant de remonter à son ouvrage. Souvent les pensionnaires s'échappaient de l'étude pour l'aller voir. [...]
Elle contait des histoires, vous apprenait des nouvelles, faisait en ville vos commissions, et prêtait aux grandes, en cachette,
15 quelque roman qu'elle avait toujours dans les poches de son tablier, et dont la bonne demoiselle elle-même avalait de longs chapitres, dans les intervalles de sa besogne. Ce n'étaient qu'amours, amants, amantes, dames persécutées s'évanouissant dans des pavillons solitaires, postillons qu'on
20 tue à tous les relais, chevaux qu'on crève à toutes les pages, forêts sombres, troubles du cœur, serments, sanglots, larmes et baisers, nacelles au clair de lune, rossignols dans les bosquets, *messieurs* braves comme des lions, doux comme des agneaux, vertueux comme on ne l'est pas, toujours bien mis,
25 et qui pleurent comme des urnes. Pendant six mois, à quinze ans, Emma se graissa donc les mains à cette poussière des vieux cabinets de lecture. [...] Elle aurait voulu vivre dans quelque vieux manoir, comme ces châtelaines au long corsage, qui, sous le trèfle des ogives, passaient leurs jours, le
30 coude sur la pierre et le menton dans la main, à regarder venir du fond de la campagne un cavalier à plume blanche qui galope sur un cheval noir.

Gustave Flaubert: Madame Bovary. Editions Gallimard. 1972, p. 66

un couvent ein Kloster

la lingerie die Wäschekammer
l'archevêché le diocèse
un gentilhomme un aristocrate
le réfectoire la cantine

une causette une discussion
remonter recommencer
s'échapper s'en aller
l'étude (f.) la salle de travail

en cachette caché

un tablier eine Schürze
avaler dévorer, manger
la besogne le travail
persécuter qn poursuivre qn
s'évanouir perdre conscience

un relais une station, une halte
un serment ein Eid
des sanglots Schluchzer
une nacelle eine Gondel
le clair de lune Mondenschein
un rossignol eine Nachtigall
un agneau ein Lamm
bien mis,e bien habillé
se graisser les mains sich die Finger schmutzig machen
la poussière der Staub
une châtelaine eine Schlossherrin
le trèfle des ogives die kleeförmigen Spitzbögen
le coude der Ellbogen
le menton das Kinn
un cavalier à plume blanche ein Kavalier in weißen Federn

Compréhension

1. Analysez la fonction des romans qu'Emma lit au couvent. A quel genre de roman est-ce qu'elle s'intéresse? Pourquoi?

Analyse

2. Comment Emma imagine-t-elle son avenir? Justifiez votre réponse.

Créativité

3. Inspirée par ses lectures, Emma rédige une histoire d'amour qu'elle présente à ses amies du couvent. Ecrivez cette histoire.

La lune de miel d'Emma et de Charles

Emma épouse Charles Bovary, un médecin de campagne.

songer penser
la lune de miel die Hitterwochen
la douceur la légèreté

suave doux
la paresse le fait de ne rien faire
une chaise de poste Postkutsche
des stores (m.) des rideaux
la soie die Seide
escarpé,e steil, schroff
confondu,e uni

s'accouder s'appuyer

la hardiesse l'audace, la résolution
se douter de qc etw. ahnen
une abondance ein Überfluss
se détacher sich lösen von
la récolte die Ernte
un espalier (hier) ein Bogen aus Obstbäumen
à mesure que in demselben Maße wie
délier entfernen

Elle songeait quelquefois que c'étaient là pourtant les plus beaux jours de sa vie, la lune de miel, comme on disait. Pour en goûter la douceur, il eût fallu, sans doute, s'en aller vers ces pays à noms sonores où les lendemains de mariage ont de plus suaves paresses! Dans des chaises de poste, sous des ⁵ stores de soie bleue, on monte au pas des routes escarpées, écoutant la chanson du postillon, qui se répète dans la montagne avec les clochettes des chèvres et le bruit sourd de la cascade. Quand le soleil se couche, on respire au bord des golfes le parfum des citronniers; puis, le soir, sur la terrasse ¹⁰ des villas, seuls et les doigts confondus, on regarde les étoiles en faisant des projets. Il lui semblait que certains lieux sur la terre devaient produire du bonheur, comme une plante particulière au sol et qui pousse mal tout autre part. Que ne pouvait-elle s'accouder sur le balcon des chalets suisses ou enfer ¹⁵ mer sa tristesse dans un cottage écossais, avec un mari vêtu d'un habit de velours noir à longues basques, et qui porte des bottes molles, un chapeau pointu et des manchettes!

Peut-être aurait-elle souhaité faire à quelqu'un la confidence de toutes ces choses. Mais comment dire un insaisissable ma ²⁰ laise, qui change d'aspect comme les nuées, qui tourbillonne comme le vent? Les mots lui manquaient donc, l'occasion, la hardiesse.

Si Charles l'avait voulu cependant, s'il s'en fût douté, si son regard, une seule fois, fût venu à la rencontre de sa pensée, il ²⁵ lui semblait qu'une abondance subite se serait détachée de son cœur, comme tombe la récolte d'un espalier quand on y porte la main. Mais, à mesure que se serrait davantage l'intimité de leur vie, un détachement intérieur se faisait qui la déliait de lui. ³⁰

Isabelle Huppert dans le film „Madame Bovary"

La conversation de Charles était plate comme un trottoir de rue, et les idées de tout le monde y défilaient dans leur costume ordinaire, sans exciter d'émotion, de rire ou de rêverie. Il n'avait jamais été curieux, disait-il, pendant qu'il habitait
35 Rouen, d'aller voir au théâtre les acteurs de Paris. Il ne savait ni nager, ni faire des armes, ni tirer le pistolet, et il ne put, un jour, lui expliquer un terme d'équitation qu'elle avait rencontré dans un roman.

Un homme, au contraire, ne devait-il pas tout connaître, ex-
40 celler en des activités multiples, vous initier aux énergies de la passion, aux raffinements de la vie, à tous les mystères? Mais il n'enseignait rien, celui-là, ne savait rien, ne souhaitait rien. Il la croyait heureuse; et elle lui en voulait de ce calme si

défiler marcher

un terme d'équitation *ein Begriff aus der Reiterei*

exceller *sich auszeichnen*
les raffinements les finesses

la pesanteur la gravité, le sérieux **serein,e** calme	bien assis, de cette pesanteur sereine, du bonheur même qu'elle lui donnait. 45
	[…] Charles finissait par s'estimer davantage de ce qu'il possédait une pareille femme. Il rentrait tard, à dix heures, minuit quelquefois. Alors il demandait à manger, et, comme la bonne était couchée, c'était Emma qui le servait. Il retirait sa
une redingote une veste	redingote pour dîner plus à son aise. Il disait les uns après les 50 autres tous les gens qu'il avait rencontrés, les villages où il
une ordonnance ein (medizinisches) Rezept **le miroton** das Rindfleisch **éplucher** schälen **ronfler** schnarchen	avait été, les ordonnances qu'il avait écrites, et satisfait de lui-même, il mangeait le reste du miroton, épluchait son fromage, croquait une pomme, vidait sa carafe, puis s'allait mettre au lit, se couchait sur le dos et ronflait. 55

Gustave Flaubert: Madame Bovary. Editions Gallimard. 1972, p. 71–73

Compréhension

1. Montrez par des exemples relevés dans le texte comment Emma s'imaginait sa lune de miel.

2. Démontrez le contraste entre les rêves d'Emma et la réalité de sa vie de couple avec Charles.

Analyse

3. Déterminez le point de vue du narrateur. Comment fait-il part des pensées d'Emma? De quel point de vue dresse-t-il le portrait de Charles?

4. Analysez la fonction de l'imparfait dans ce passage du roman.

5. Dites en quoi ce texte est représentatif du «bovarysme».

Créativité [au choix]

6. «Peut-être aurait-elle souhaité faire à quelqu'un la confidence de toutes ces choses.» (l. 19/20) Par hasard, Emma Bovary rencontre une ancienne amie du couvent à qui elle se confie.
   a) Ecrivez le dialogue entre les deux amies.
   b) L'amie écrit une lettre à Charles pour l'aider à mieux comprendre sa femme.

Le bal

Charles et Emma sont été invités à un bal chez le marquis de la Vaubyessard.

s'apprêter se préparer **la toilette** l'habillement **méticuleux,se** précis **disposer** arranger **une robe de barège** ein Barege-Kleid **étaler** ausbreiten	Les dames, ensuite, montèrent dans leurs chambres s'apprêter pour le bal. Emma fit sa toilette avec la conscience méticuleuse d'une actrice à son début. Elle disposa ses cheveux d'après les recommandations du coiffeur, et elle entra dans sa robe de barège, étalée sur le lit. Le pantalon de Charles le serrait au ventre. 5

Scène du film
„Madame Bovary"

– Les sous-pieds vont me gêner pour danser, dit-il.
– Danser? reprit Emma.
– Oui!
– Mais tu as perdu la tête! on se moquerait de toi, reste à ta
10 place. D'ailleurs, c'est plus convenable pour un médecin,
ajouta-t-elle.
Charles se tut. Il marchait de long en large, attendant qu'Emma fût habillée.
Il la voyait par derrière, dans la glace, entre deux flambeaux. **un flambeau** *ein Lüster*
15 Ses yeux noirs semblaient plus noirs. Ses bandeaux, douce-
ment bombés vers les oreilles, luisaient d'un éclat bleu; une
rose à son chignon tremblait sur une tige mobile, avec des
gouttes d'eau factices au bout de ses feuilles. Elle avait une
robe de safran pâle, relevée par trois bouquets de roses pom-
20 pon mêlées de verdure. **la verdure** *das Grünzeug*
Charles vint l'embrasser sur l'épaule.
– Laisse-moi! dit-elle, tu me chiffonnes. **chiffonner** *zerknittern*
On entendit une ritournelle de violon et les sons d'un cor. **un cor** *ein Waldhorn*
Elle descendit l'escalier, se retenant de courir.
25 Les quadrilles étaient commencés. Il arrivait du monde. On se
poussait. Elle se plaça près de la porte, sur une banquette. [...]
Le cœur d'Emma lui battit un peu lorsque, son cavalier la tenant par le bout des doigts, elle vint se mettre en ligne et attendit le coup d'archet pour partir. Mais bientôt l'émotion **le coup d'archet**
30 disparut; et, se balançant au rythme de l'orchestre, elle glis- *(hier) das Signal*

un louis d'or *ein Goldstück*

sait en avant, avec des mouvements légers du cou. Un sourire lui montait aux lèvres à certaines délicatesses du violon, qui jouait seul, quelquefois, quand les autres instruments se taisaient; on entendait le bruit clair des louis d'or qui se versaient à côté, sur le tapis des tables; puis tout reprenait à la 35 fois [...] les pieds retombaient en mesure, les jupes se bouffaient et frôlaient, les mains se donnaient, se quittaient; les mêmes yeux, s'abaissant devant vous, revenaient se fixer sur les vôtres.

disséminé,e *verteilt*

Quelques hommes (une quinzaine) de vingt-cinq à quarante 40 ans, disséminés parmi les danseurs ou causant à l'entrée des portes, se distinguaient de la foule par un air de famille, quelles que fussent leurs différences d'âge, de toilette ou de figure. [...]

refluer *rentrer*

L'air du bal était lourd; les lampes pâlissaient. On refluait 45 dans la salle de billard. Un domestique monta sur une chaise et cassa deux vitres; au bruit des éclats de verre, madame Bo-

les carreaux (vx.) *die Fensterscheiben*

vary tourna la tête et aperçut dans le jardin, contre les carreaux, des faces de paysans qui regardaient. Alors le souvenir

les Bertaux *nom de la ferme du père d'Emma*
la mare bourbeuse *der Schlamm*
écrémer les terrines de lait *die Sahne abschöpfen*
une fulguration *ein Glanz*
s'évanouir *(ici) disparaître*

des Bertaux lui arriva. Elle revit la ferme, la mare bourbeuse, 50 son père en blouse sous les pommiers, et elle se revit elle-même, comme autrefois, écrémant avec son doigt les terrines de lait dans la laiterie. Mais, aux fulgurations de l'heure présente, sa vie passée, si nette jusqu'alors, s'évanouissait tout entière, et elle doutait presque de l'avoir vécue. Elle était là; 55 puis autour du bal, il n'y avait plus que de l'ombre, étalée sur tout le reste. [...]

le cotillon *le bal*

À trois heures du matin, le cotillon commença. Emma ne savait pas valser. [...]

un vicomte *ein Baron*

Cependant, un des valseurs, qu'on appelait familièrement 60 vicomte [...] vint une seconde fois encore inviter madame Bovary, l'assurant qu'il la guiderait et qu'elle s'en tirerait bien.

un pivot *une axe*
érafler *umwickeln*

Ils commencèrent lentement, puis allèrent plus vite. Ils tournaient: tout tournait autour d'eux, les lampes, les meubles, les 65 lambris, et le parquet, comme un disque sur un pivot. En passant auprès des portes, la robe d'Emma, par le bas, s'éraflait au pantalon; leurs jambes entraient l'une dans l'autre; il baissait

une torpeur *une léthargie, une fatigue*

ses regards vers elle, elle levait les siens vers lui; une torpeur la prenait, elle s'arrêta. Ils repartirent; et, d'un mouvement plus 70 rapide, le vicomte, l'entraînant, disparut avec elle jusqu'au

haletant,e *fatigué*

bout de la galerie, où, haletante, elle faillit tomber, et, un instant, s'appuya la tête sur sa poitrine. Et puis, tournant toujours, mais plus doucement, il la reconduisit à sa place; elle se

une muraille *un petit mur*

renversa contre la muraille et mit la main devant ses yeux. 75

Quand elle les rouvrit, au milieu du salon, une dame assise sur un tabouret avait devant elle trois valseurs agenouillés. Elle choisit le Vicomte, et le violon recommença.

On les regardait. Ils passaient et revenaient, elle immobile du
80 corps et le menton baissé, et lui toujours dans sa même pose […]. Elle savait valser, celle-là! Ils continuèrent longtemps et fatiguèrent tous les autres.

On causa quelques minutes encore, et, après les adieux ou plutôt le bonjour, les hôtes du château s'allèrent coucher.

85 Charles se traînait à la rampe, les genoux lui rentraient dans le corps. Il avait passé cinq heures de suite, tout debout devant les tables, à regarder jouer au whist sans y rien comprendre. Aussi poussa-t-il un grand soupir de satisfaction lorsqu'il eut retiré ses bottes.

90 Emma mit un châle sur ses épaules, ouvrit la fenêtre et s'accouda.

La nuit était noire. Quelques gouttes de pluie tombaient. Elle aspira le vent humide qui lui rafraîchissait les paupières. La musique du bal bourdonnait encore à ses oreilles, et elle fai-
95 sait des efforts pour se tenir éveillée, afin de prolonger l'illusion de cette vie luxueuse qu'il lui faudrait tout à l'heure abandonner. […]

La journée fut longue, le lendemain! Elle se promena dans son jardinet, passant et revenant par les mêmes allées […]
100 considérant avec ébahissement toutes ces choses d'autrefois qu'elle connaissait si bien. Comme le bal déjà lui semblait loin! Qui donc écartait, à tant de distance, le matin d'avant-hier et le soir d'aujourd'hui? Son voyage à la Vaubyessard avait fait un trou dans sa vie, à la manière de ces grandes
105 crevasses qu'un orage, en une seule nuit, creuse quelquefois dans les montagnes. Elle se résigna pourtant; elle serra pieusement dans la commode sa belle toilette et jusqu'à ses souliers de satin, dont la semelle s'était jaunie à la cire glissante du parquet. Son cœur était comme eux: au frottement de la
110 richesse, il s'était placé dessus quelque chose qui ne s'efface-rait pas.

Ce fut donc une occupation pour Emma que le souvenir de ce bal. Toutes les fois que revenait le mercredi, elle se disait en s'éveillant: «Ah! il y a huit jours … il y a quinze jours …, il y
115 a trois semaines, j'y étais!» Et peu à peu, les physionomies se confondirent dans sa mémoire, elle oublia l'air des contre-danses, elle ne vit plus si nettement les livrées et les apparte-ments; quelques détails s'en allèrent, mais le regret lui resta.

Gustave Flaubert: Madame Bovary. Editions Gallimard. 1972, p. 82–90

---

un tabouret *ein Hocker*

causer *parler*

un soupir *ein Seufzer*
les bottes *die Stiefel*
s'accouder *sich aufstützen*

aspirer *(hier) einatmen*
les paupières (f.) *die Augenlider*

un jardinet *un petit jardin*
l'ébahissement (m.) *la surprise*

écarter *séparer, éloigner*

une crevasse *eine Erdspalte*
serrer *(hier) hineindrücken*
pieusement *avec respect*
les souliers *les chaussures*
la semelle *die Sohle*
jauni,e *devenu jaune*
la cire *Bohnerwachs*
le frottement *(hier) die Berührung*

confondre *verwechseln*

Compréhension **1.** Structurez le texte. Donnez un titre à chaque paragraphe.

Analyse **2.** Analysez la relation entre Emma et Charles au début du texte (lignes 1–24).

3. Comparez le comportement d'Emma au bal et le lendemain de la fête dans son jardinet.

Créativité **4.** Réécrivez la scène du bal du point de vue de Charles Bovary.

L'empoisonnement d'Emma Bovary

Malheureuse dans son mariage avec Charles, Emma le trompe d'abord avec Rodolphe, un riche séducteur, puis avec le jeune romantique Léon. Comme elle vit dans le mensonge et s'endette de plus en plus, Emma décide de s'empoisonner à l'arsenic.

cacheter fermer — Elle s'assit à son secrétaire, et écrivit une lettre qu'elle cacheta lentement, ajoutant la date du jour et l'heure. Puis elle dit
solennel,le grave — d'un ton solennel:
– Tu la liras demain; d'ici là, je t'en prie, ne m'adresse pas une seule question! […] Non, pas une! ⁵
– Mais […]
– Oh! laisse-moi!
Et elle se coucha tout du long sur son lit.
âcre bitter — Une saveur âcre qu'elle sentait dans sa bouche la réveilla. Elle entrevit Charles et referma les yeux. ¹⁰
s'épier s'observer
discerner herausfinden — Elle s'épiait curieusement, pour discerner si elle ne souffrait pas. Mais non! rien encore. Elle entendait le battement de la pendule, le bruit du feu, et Charles, debout près de sa couche, qui respirait.
– Ah! c'est bien peu de chose, la mort! pensait-elle; je vais ¹⁵ m'endormir, et tout sera fini!
une gorgée ein Schluck — Elle but une gorgée d'eau et se tourna vers la muraille.
Cet affreux goût d'encre continuait.
– J'ai soif! […] oh! j'ai bien soif! soupira-t-elle.
– Qu'as-tu donc? dit Charles, qui lui tendait un verre. ²⁰
– Ce n'est rien! […] Ouvre la fenêtre […], j'étouffe!
la nausée der Ekel, das Unwohlsein — Et elle fut prise d'une nausée si soudaine, qu'elle eut à peine le temps de saisir son mouchoir sous l'oreiller.
– Enlève-le! dit-elle vivement; jette-le!
Il la questionna; elle ne répondit pas. Elle se tenait immobile, ²⁵
vomir sich erbrechen — de peur que la moindre émotion ne la fît vomir. Cependant, elle sentait un froid de glace qui lui montait des pieds jusqu'au cœur.

– Ah! voilà que ça commence! murmura-t-elle.

30 – Que dis-tu?

Elle roulait sa tête avec un geste doux plein d'angoisse, et tout en ouvrant continuellement les mâchoires, comme si elle eût porté sur sa langue quelque chose de très lourd. À huit heures, les vomissements reparurent.

une mâchoire *der Kiefer (Zahn)*

35 [...]

– C'est extraordinaire! c'est singulier! répéta-t-il.

Mais elle dit d'une voix forte:

– Non, tu te trompes!

Alors, délicatement et presque en la caressant, il lui passa la 40 main sur l'estomac. Elle jeta un cri aigu. Il se recula tout effrayé.

effrayé,e *terrifié*

Puis elle se mit à geindre, faiblement d'abord. Un grand frisson lui secouait les épaules, et elle devenait plus pâle que le drap où s'enfonçaient ses doigts crispés. Son pouls inégal 45 était presque insensible maintenant.

gémir *stöhnen*

s'enfoncer *hineindrücken*
crispé,e *verkrampft*

Des gouttes suintaient sur sa figure bleuâtre, qui semblait comme figée dans l'exhalaison d'une vapeur métallique. Ses dents claquaient, ses yeux agrandis regardaient vaguement autour d'elle, et à toutes les questions elle ne répondait qu'en 50 hochant la tête; même elle sourit deux ou trois fois. Peu à peu, ses gémissements furent plus forts. Un hurlement sourd lui échappa; elle prétendit qu'elle allait mieux et qu'elle se lèverait tout à l'heure. Mais les convulsions la saisirent; elle s'écria:

suinter *transpirer*
bleuâtre *bläulich*

un gemissement *ein Stöhnen*
échapper *entfahren, entfliehen*
saisir *prendre*

55 – Ah! c'est atroce, mon Dieu!

Il se jeta à genoux contre son lit.

– Parle! qu'as-tu mangé? Réponds, au nom du ciel!

Et il la regardait avec des yeux d'une tendresse comme elle n'en avait jamais vu.

atroce *horrible*

60 – Eh bien, là ..., là! ... dit-elle d'une voix défaillante.

Il bondit au secrétaire, brisa le cachet et lut tout haut: Qu'on n'accuse personne ... Il s'arrêta, se passa la main sur les yeux, et relut encore.

défaillant *faible*

bondir *aufspringen*

– Comment! ... Au secours! À moi!

65 Et il ne pouvait que répéter ce mot: «Empoisonnée! empoisonnée!» Félicité courut chez Homais, qui l'exclama sur la place [...].

Félicité *la bonne des Bovary*
Homais *le pharmacien du village*

Éperdu, balbutiant, près de tomber, Charles tournait dans la chambre. Il se heurtait aux meubles, s'arrachait les cheveux, 70 et jamais le pharmacien n'avait cru qu'il pût y avoir de si épouvantable spectacle.

balbutier *stammeln*
s'arracher *ausreißen*

[...] Charles voulut feuilleter son dictionnaire de médecine; il n'y voyait pas, les lignes dansaient.

feuilleter *blättern*

– Du calme! dit l'apothicaire. Il s'agit seulement d'adminis-
trer quelque puissant antidote. Quel est le poison? 75
Charles montra la lettre. C'était de l'arsenic.
– Eh bien, reprit Homais, il faudrait en faire l'analyse.
Car il savait qu'il faut, dans tous les empoisonnements, faire
une analyse; et l'autre, qui ne comprenait pas, répondit:
– Ah! faites! faites! sauvez-la … 80

s'affaisser *hinsinken*
appuyer *drücken, lehnen*
la couche *die Bettdecke*

Puis, revenu près d'elle, il s'affaissa par terre sur le tapis, et il
restait la tête appuyée contre le bord de sa couche, à sanglo-
ter.
– Ne pleure pas! lui dit-elle. Bientôt je ne te tourmenterai
plus! 85
– Pourquoi? Qui t'a forcée?
Elle répliqua:
– Il le fallait, mon ami.
– N'étais-tu pas heureuse? Est-ce ma faute? J'ai fait tout ce que
j'ai pu, pourtant! 90
– Oui …, c'est vrai …, tu es bon, toi!

surcharger *(hier) verschlimmern*

Et elle lui passait la main dans les cheveux, lentement. La
douceur de cette sensation surchargeait sa tristesse; il sentait
tout son être s'écrouler de désespoir à l'idée qu'il fallait la
perdre, quand, au contraire, elle avouait pour lui plus d'amour 95
que jamais; et il ne trouvait rien; il ne savait pas, il n'osait,

achever de *finir par*

l'urgence d'une résolution immédiate achevant de le boule-
verser.

la trahison *der Verrat*
la bassesse *die Niedertracht*
la convoitise *le désir*

Elle en avait fini, songeait-elle, avec toutes les trahisons, les
bassesses et les innombrables convoitises qui la torturaient. 100
Elle ne haïssait personne, maintenant; une confusion de cré-

le crépuscule *die Dämmerung*

puscule s'abattait en sa pensée, et de tous les bruits de la terre

intermittent *zeitweilig*
la lamentation *die Klage*

Emma n'entendait plus que l'intermittente lamentation de
ce pauvre cœur, douce et indistincte, comme le dernier écho
d'une symphonie qui s'éloigne. 105

Gustave Flaubert: Madame Bovary. Editions Gallimard. 1972, p. 400–404

Compréhension

1. Relevez les expressions qui démontrent les différentes étapes
de l'agonie de Mme Bovary.

Analyse

2. Analysez le comportement de Charles dans cette scène.

3. Décrivez et analysez les sentiments d'Emma.

Créativité

4. Imaginez la lettre qu'Emma a écrite à Charles (p. 36, l. 1).

3.4 Un roman qui fait scandale

1. Décrivez la caricature et analysez son message.

Approche

2. «Madame Bovary» a fait scandale en 1857.
   Pourquoi? Formulez des hypothèses.

Caricature contemporaine de Lemot: Flaubert disséquant Emma
Bovary. La Parodie, décembre 1869

Le procès de Madame Bovary

une offense un affront

Il y a 150 ans, s'ouvrait le procès de Madame Bovary pour «offenses à la morale publique et à la religion».

voluptueux,se wollüstig
un réquisitoire eine Anklageschrift
étayer (ici) prouver, souligner

«L'offense à la morale publique est dans les tableaux lascifs que je mettrai sous vos yeux, l'offense à la morale religieuse dans des images voluptueuses mêlées aux choses sacrées» a lâché Ernest Pinard au début de son réquisitoire. Pour étayer cette idée, l'avocat impérial s'est appuyé sur plusieurs passages du roman. 5

Petit rappel de l'œuvre pour comprendre le réquisitoire: L'histoire démarre avec le récit de la jeunesse de Charles Bovary, elle se poursuit avec son entrée au collège et son mariage raté avec une riche veuve. Emma devient ensuite le personnage principal. Elevée dans un couvent, puis vivant à la ferme, elle se laisse séduire par Charles Bovary et l'épouse. Sa 10

un bourg une petite ville
un relief (hier) Höhepunkt
dégoûter ennuyer
extraconjugal außerehelich
un clerc ein Notarsgehilfe
criblé (hier) bedrängt
les dettes (f.) Schulden

vie dans un petit bourg de Normandie est étroite, sans relief. Son mari, petit médecin sans ambition la dégoûte. Après une aventure extraconjugale avec Rodolphe puis Léon, un clerc 15 de notaire de Rouen, criblée de dettes à cause de la vie luxueuse qu'elle a menée, elle décide de se suicider. A l'arsenic.

«J'ai un amant! un amant!»

l'adultère (m.) der Ehebruch
se délecter sich erfreuen, genießen

L'adultère avec Rodolphe est selon Ernest Pinard immoral. 20 *«Elle se répétait: j'ai un amant! un amant! se délectant à cette idée [...]. Elle allait donc enfin posséder ces plaisirs de l'amour, cette fièvre de bonheur dont elle avait désespéré. Elle entrait dans quelque chose de merveilleux, où tout serait passion, extase, délire.»* Dès cette première faute, Madame Bovary «glorifie 25 l'adultère» lançait alors Ernest Pinard.

salir rendre sale

L'avocat a estimé qu'elle salissait l'institution du mariage: «voluptueuse un jour, religieuse le lendemain, nulle femme, même dans d'autres régions, même sous le ciel d'Espagne ou d'Italie, ne murmure à Dieu les caresses adultères qu'elle don- 30 nait à l'amant».

Poésie de l'adultère

le lacet la corde
siffler zischen
la hanche die Hüfte
une couleuvre eine Natter

Il n'a pas non plus apprécié le deuxième adultère avec Léon cette fois-ci. *«Elle se déshabillait brutalement, arrachant le lacet mince de son corset qui sifflait autour de ses hanches comme une 35 couleuvre qui glisse. Elle allait sur la pointe de ses pieds nus regarder encore une fois si la porte était fermée, puis elle faisait d'un seul geste tomber ensemble tous ses vêtements; – et pâle, sans*

Honoré Daumier: L'avocat plaidant (vers 1845)

parler, sérieuse, elle s'abattait contre sa poitrine, avec un long fris-
40 *son».* Ernest Pinard s'est insurgé: «tantôt, c'est la souillure du mariage, tantôt ce sont ces platitudes, mais c'est toujours la poésie de l'adultère».

«L'œuvre au fond n'est pas morale»

Un autre passage sur lequel s'est appuyé l'avocat impérial est
45 celui relatif à la mort de Madame Bovary. Flaubert a couché cette mort sur le papier. *«Le drap se creusait depuis ses seins jusqu'à ses genoux, se relevant ensuite à la pointe des orteils».* Une description vivement dénoncée par Ernest Pinard: «lorsque le corps est froid, la chose qu'il faut respecter par-
50 dessus tout, c'est le cadavre que l'âme a quitté. Quand le mari est là, à genoux, pleurant sa femme, quand il a étendu sur elle le linceul, tout autre se serait arrêté, et c'est le moment où M. Flaubert donna le dernier coup de pinceau». Le mélange du sacré et du voluptueux au moment de la mort de Madame
55 Bovary l'a horrifié. «L'œuvre au fond n'est pas morale» a-t-il ajouté.

un frisson un tremblement
la souillure *die Beschmutzung*

les seins (m.) *die Brüste*
un orteil *der Zeh*
dénoncer accuser

un coup de pinceau *ein Pinselstrich*

«L'art sans règle n'est plus l'art», a-t-il conclu à la fin de son réquisitoire. Il reproche notamment à Gustave Flaubert non pas d'avoir peint les passions, la vengeance, et l'amour. Mais, de ne pas avoir fait le procès du vice et de la bêtise.   60

Durant sa plaidoirie, Maître Senard, l'avocat de Flaubert a tout simplement expliqué que son client appartenait à l'école réaliste. Qu'il s'attachait à la réalité des choses. Que l'ouvrage avait pour but de présenter aux lecteurs, «le tableau vrai de ce qui se rencontre le plus souvent dans le monde».   65

acquitter *freisprechen*

Estimant que «les passages quelque répréhensibles qu'ils soient, sont peu nombreux si on les compare à l'étendue de l'ouvrage», les juges ont acquitté Flaubert le 7 février 1857. Pour le plus grand plaisir des lecteurs.

http://www.justice.gouv.fr/histoire-et-patrimoine-10050/proces-historiques-10411/les-150-ans-du-proces-de-madame-bovary-12830.html [24 juillet 2007] [texte abrégé]

1. De quoi le procureur de l'Empire, Ernest Pinard, accuse-t-il Gustave Flaubert?

2. Répondez aux accusations d'Ernest Pinard en rédigeant la plaidoirie de Maître Senard, l'avocat de Gustave Flaubert. Défendez l'auteur et son œuvre «Emma Bovary».

Gustave Flaubert et son œuvre – pour en savoir plus

A lire

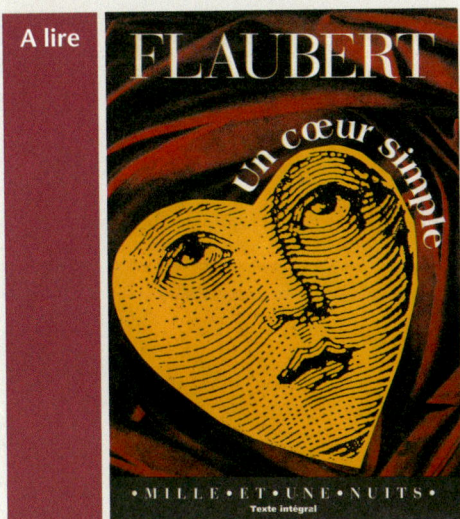

A voir

«Un cœur simple»

Servante modèle, Félicité est entrée au service de Mme Aubain à l'âge de 18 ans suite à une déception amoureuse. Félicité s'occupe des enfants de Mme Aubain, Paul et Virginie, âgés de sept et quatre ans. Plus tard Paul quitte la maison pour suivre des études au collège de Caen. Félicité souffre d'abord de ce départ puis se trouve consolée par une nouvelle distraction: le catéchisme quotidien de Virginie. Mais la fille de Mme Aubain part bientôt poursuivre son éducation chez les Ursulines à Honfleur …

«Madame Bovary», film de Claude Chabrol d'après le roman de Gustave Flaubert (1991), avec Isabelle Huppert

Emma, fille de paysan, épouse un médecin de campagne. Idéaliste et romanesque, elle perd rapidement ses illusions de bonheur face à la grossièreté des petits bourgeois normands. Elle devient la maîtresse d'un gentilhomme du voisinage qui l'abandonne, puis d'un clerc de notaire. Déçue, criblée de dettes, elle s'empoisonne. Pour Claude Chabrol «il ne s'agit ni d'une lecture ni même d'un éclairage particulier. L'ambition, peut-être un peu folle, est celle de faire ce film tel que Flaubert aurait pu le concevoir.»

Projektarbeit/Facharbeit

Gustave Flaubert

- Lisez la nouvelle «Un cœur simple» de Gustave Flaubert. Comparez Emma Bovary à Félicité, la protagoniste du conte.
- Comparez le film de Chabrol au roman de Flaubert. Choisissez des critères pour comparer les deux œuvres.
- «Madame Bovary» a provoqué un scandale. Analysez le procès contre le roman de Flaubert.

Le réalisme – vue d'ensemble

L'ascension du roman

Au 19e siècle, le **roman** a réussi à s'imposer en tant que genre littéraire, alors qu'il avait eu long-temps la réputation d'être une forme sans règles et sans grande valeur esthétique. Le roman pro-fite aussi des **nouvelles technologies**: Grâce à la parution en **feuilletons dans la presse**, la publication des romans devient un véritable phé-nomène de société.

Les sujets

Les romanciers réalistes trouvent leur inspiration dans **la vie quotidienne**. Ils s'intéressent à des gens et des situations qui auparavant n'étaient pas considérés comme «artistiques». Les **sujets tabous** (l'adultère, la sexualité, la mort, l'argent …) sont alors traités dans les romans. **Toutes les classes sociales** sont représentées: les paysans, les ouvriers, la bourgeoisie et la noblesse. L'in-trigue des romans est souvent inspirée par des **petits faits vrais** trouvés dans les journaux.

Le héros, personnage exceptionnel, fait place au personnage principal qui est un **individu ordi-naire, représentatif du milieu** dans lequel il vit. L'intrigue privilégie **la vie quotidienne**, comme dans *Eugénie Grandet*, qui décrit la vie difficile d'une provinciale dont la seule aventure est la passion qu'elle éprouve pour son cousin Charles. A la manière d'un **Bildungsroman**, le roman réaliste montre souvent **l'ascension so-ciale** d'un jeune homme très ambitieux (p.ex. Julien dans *Le Rouge et le noir*). Il y arrive par les femmes, les protections, les compromis, la trahi-son, la politique.

Ses auteurs

Balzac, Stendhal et Flaubert ne se sont jamais considérés comme des auteurs «réalistes», mais ils se veulent des **témoins du présent**, des **histo-riens de la vie quotidienne**. Influencé par les Lumières et le romantisme, **Stendhal** a été le premier écrivain français à avoir lié fiction et his-

Gustave Courbet: Les casseurs de pierres (1849)

toire contemporaine, mais il écrit d'un **point de vue subjectif**. **Balzac** est un des fondateurs du roman moderne. Ainsi *La Comédie humaine*, qui met en scène l'ensemble des classes sociales montre que **l'argent** a une place fondamentale dans la société du 19e siècle.

Ses limites

Un écrivain tel que **Flaubert** est très tôt conscient que **le réalisme est une utopie**: l'écriture ne peut que produire du texte, pas du réel. Il n'y a d'ailleurs jamais eu d'*école réaliste*.
Réalisme et naturalisme sont proches, mais diffèrent sensiblement. C'est Émile **Zola** qui le premier utilise le terme de ‹**naturalisme**› en 1880 dans son célèbre essai *Le Roman expérimen-tal*. Émile Zola donne alors une **nouvelle dimen-sion** au réalisme; il y ajoute une facette qui se prétend **scientifique**, permettant une **analyse objective** de phénomènes tels que l'hérédité et l'alcoolisme.

Le naturalisme en peinture

> «Faites du vrai,
> plutôt que du beau!»
> Léon Bonnat (peintre naturaliste)

1. Présentez les sujets peints sur les tableaux naturalistes.

2. Dites en quoi les sujets et le style des tableaux ont pu choquer un public bourgeois.

3. Créativité: Imaginez que vous pouvez «entrer» dans un de ces tableaux. Notez vos impressions dans un petit texte.

Emilie Friant (1863–1932): La Toussaint, 1888

Jules-Bastien Lepage (1848–1884): Le petit colporteur endormi, 1882

Jules Adler (1865–1952): La grève au Creusot, 1899

Analyse d'un tableau

1. Décrivez de plus près le tableau de Caillebotte (perspective, lumière, structure …).

2. *Les Raboteurs de parquet* est une des premières œuvres qui représentent des ouvriers. Analysez la rencontre entre le monde bourgeois et le monde ouvrier figurant sur ce tableau.

3. Créativité: Jugé «banal et vulgaire» le tableau de Caillebotte n'a pas été accepté au Salon de 1875. Interviewez Caillebotte. Posez des questions sur le choix du sujet et sa manière de peindre.

Gustave Caillebotte (1848–1894): Les Raboteurs de parquet, 1875

4. Emile Zola

4.1 A quoi rêvent les pauvres filles?

Emile Zola
A quoi rêvent les pauvres filles? (1864)
(texte intégral)

Henri de Toulouse-Lautrec:
Jeune femme, 1887

Approche | **1.** Répondez à la question posée dans le titre de la nouvelle. Formulez des hypothèses sur le contenu de la nouvelle.

le taudis (fam.) un appartement misérable
grelottant tremblant de froid
furtif,ve *flüchtig*

les entrailles le ventre

un lambeau *ein Fetzen*
gravir monter

Elle a travaillé pendant douze heures. Ella a gagné quinze sous. Le soir, elle rentre à son taudis, le long des trottoirs blancs de gelée, grelottante sous son mince châle noir, maigre et furtive, avec cette hâte peureuse des pauvres bêtes abandonnées.

Et, comme ses entrailles crient famine, elle achète quelque reste de charcuterie à bas prix, qu'elle emporte à la main, plié dans un lambeau de journal. Puis, essoufflée, elle gravit ses six étages.

5

10 En haut, le grenier est désolé. Un bout de chandelle éclaire
cette misère. Pas de feu. Le vent passe sous la porte, si aigu,
qu'il effare la flamme de la chandelle. Un lit, une table, une
chaise. Il fait si frais que l'eau du pot à eau a gelé.

Elle se hâte; elle se réchauffera peut-être un peu dans son lit,
15 sous le paquet de ses vêtements qu'elle entasse chaque soir à
ses pieds. Vivement elle s'est assise devant la petite table; elle
a tiré un morceau de pain d'une armoire, elle mange sa charcuterie de cet air glouton et indifférent des affamés. Quand
elle a soif, il lui faut casser la glace du pot à eau.

20 C'est une enfant de dix-huit ans au plus. Pour avoir moins
froid, elle n'a retiré ni son châle ni son bonnet. Elle mange
chez elle toute vêtue, en cachant par moments ses mains que
le vent bleuit. Si elle pouvait sourire, elle serait charmante;
ses lèvres délicates, ses yeux d'un gris tendre auraient une
25 douleur exquise. Mais la souffrance a pincé sa bouche, et mis
une dureté morne dans son regard. Elle a le masque rigide et
menaçant des misérables.

Elle regarde devant elle, vaguement, le cerveau vide, mangeant comme un animal qui se dépêche. Puis ses yeux s'ar-
30 rêtent sur le lambeau de journal, taché de graisse, qui lui sert
d'assiette. Elle lit, elle oublie d'achever son pain.

Il y a eu bal aux Tuileries, et elle apprend qu'on y a consom-
mé une quantité prodigieuse de vin et de mets; neuf mille
bouteilles de champagne, trois mille gâteaux, six cents kilo-
35 grammes de viande et le reste. Elle a un sourire singulier, elle
se dit que ces gens doivent être bien gras.

Mais elle est femme, elle s'arrête davantage aux descriptions
des toilettes. Elle lit:

«Mme de Metternich: robe blanche, avec ceinture violet fon-
40 cé. Une rivière de diamants soutenait un adorable fouillis de
perles et de diamants.»

Sa face est devenue de plus en plus dure. Pourquoi les autres
ont-elles des rivières de diamants, lorsqu'elle n'a pas une robe
chaude à se mettre? Elle continue:

45 «L'impératrice, en robe vert tendre, recouverte d'une demi-
jupe en tulle bouillonnant blanc, à lamé d'argent, garnie au
bas et au corsage de martre zibeline. Autour du cou un velours noir sur lequel est appliquée une grecque en diamants
admirables.»

50 Toujours des diamants, et ici des diamants à enrichir cent familles. L'enfant ne lit plus. Elle s'est renversée sur sa chaise.
Elle songe.

Des pensées mauvaises passent dans ses yeux gris. Elle ne sent
plus le froid, elle est toute entière à la tentation du mal.

---

le grenier *Dachboden*
désolé,e (*hier*) *triste*

effarer *troubler*

entasser *stapeln*

d'un air glouton *gierig*
un affamé *une personne qui a faim*

morne *triste, sombre*

un cerveau *ein Gehirn*

achever *terminer*
les Tuileries *un parc à Paris*
le mets *un plat* (*Speise*)

le fouillis *le désordre*

tulle bouillonnant (*hier*) *feiner Stoff*
à lamé d'argent (*hier*) *mit Silber durchsetzt*
martre zibeline *Marderfell*
une grecque (*hier*) *eine griechische Figur*

Et quand elle s'éveille de son rêve, elle a un grand frisson, et 55
jetant un regard autour de son taudis, elle murmure:
«A quoi bon [...]? A quoi bon travailler? Je veux des diamants.»
Demain elle en aura.

Emile Zola. Contes et nouvelles. Bibliothèque de la Pléiade. Paris (Editions Gallimard) 1976, p. 370–371

Compréhension

1. Résumez ce que le texte nous apprend sur la situation des travailleuses du 19e siècle.

2. Décrivez les deux mondes du «rêve» et de la «réalité» dans la nouvelle. Copiez et complétez le tableau.

la réalité de la jeune fille	les rêves de la jeune fille
...	...

Analyse

3. Etudiez le langage. Faites attention aux métaphores, aux comparaisons et au temps des verbes.

4. Expliquez le message social.

Créativité

5. «Demain elle en aura.» La nouvelle de Zola s'achève sur la décision de la jeune fille d'obtenir des diamants, et elle va tout faire pour y arriver. Imaginez la suite du récit.

4.2 Le grand Michu

Emile Zola
Le grand Michu (1874)

(texte intégral)

Honoré Daumier (1808–1879): Une émeute
«Po po polisson!… je vais dou dou … bler tous vos devoirs! … – De quoi des devoirs … sous un gouvernement despotique c'est l'insurrection qui est le seul devoir ! …»,
publié dans Le Charivari, le 20 décembre 1845

1. Identifiez les différents groupes et présentez le sujet de la **Approche**
caricature de Daumier.

2. Discutez: Pour quelles raisons les élèves d'autrefois et d'aujourd'hui pourraient-ils se rebeller contre le système scolaire?

I.

Une après-midi, à la récréation de quatre heures, le grand
Michu me prit à part, dans un coin de la cour. Il avait un air
grave qui me frappa d'une certaine crainte; car le grand Michu était un gaillard, aux poings énormes, que, pour rien au
5 monde, je n'aurais voulu avoir pour ennemi.

une crainte une peur
un gaillard un garçon solide et
grand
le poing die Faust

à peine dégrossi wenig geschliffen, ungehobelt

carrément geradeheraus, freimütig

flatté,e geschmeichelt

l'effroi (m.) Schrecken

un conscrit un nouveau

le frémissement d'aise der wohlige Schauer

la dignité die Würde

mûr,e reif

un traitre ein Verräter

fébrile excité

le réfectoire la salle à manger

«Écoute, me dit-il de sa voix grasse de paysan à peine dégrossi, écoute, veux-tu en être?»

Je répondis carrément: «Oui!» flatté d'être de quelque chose
avec le grand Michu. Alors, il m'expliqua qu'il s'agissait d'un
complot. Les confidences qu'il me fit, me causèrent une sen- 10
sation délicieuse, que je n'ai jamais peut-être éprouvée depuis. Enfin, j'entrais dans les folles aventures de la vie, j'allais
avoir un secret à garder, une bataille à livrer. Et, certes, l'effroi
inavoué que je ressentais à l'idée de me compromettre de la
sorte, comptait pour une bonne moitié dans les joies cui- 15
santes de mon nouveau rôle de complice.

Aussi, pendant que le grand Michu parlait, étais-je en admi-
ration devant lui. Il m'initia d'un ton un peu rude, comme
un conscrit dans l'énergie duquel on a une médiocre
confiance. Cependant, le frémissement d'aise, l'air d'extase 20
enthousiaste que je devais avoir en l'écoutant, finirent par lui
donner une meilleure opinion de moi.

Comme la cloche sonnait le second coup, en allant tous deux
prendre nos rangs pour rentrer à l'étude:

«C'est entendu, n'est-ce pas?» me dit-il à voix basse. «Tu es 25
des nôtres … Tu n'auras pas peur, au moins; tu ne trahiras
pas?»

«Oh! non, tu verras … C'est juré.»

Il me regarda de ses yeux gris, bien en face, avec une vraie
dignité d'homme mûr, et me dit encore: 30

«Autrement, tu sais, je ne te battrai pas, mais je dirai partout
que tu es un traître, et personne ne te parlera plus.»

Je me souviens encore du singulier effet que me produisit
cette menace. Elle me donna un courage énorme. «Bast! me
disais-je, ils peuvent bien me donner deux mille vers; du 35
diable si je trahis Michu!» J'attendis avec une impatience fébrile l'heure du dîner. La révolte devait éclater au réfectoire.

II.

le Var département de la région Provence-Alpes, Côte d'Azur

faire le coup de feu (etwa) zu den Waffen greifen

l'insurrection (f.) l'émeute, révolte

le coup d'Etat le 2 décembre 1851, Louis-Napoléon Bonaparte s'empare du pouvoir par la force

le brigand un bandit

illettré,e analphabète

Le grand Michu était du Var. Son père, un paysan qui possédait quelques bouts de terre, avait fait le coup de feu en 51,
lors de l'insurrection provoquée par le coup d'État. Laissé 40
pour mort dans la plaine d'Uchâne, il avait réussi à se cacher.
Quand il reparut, on ne l'inquiéta pas. Seulement, les autori-
tés du pays, les notables, les gros et les petits rentiers ne l'ap-
pelèrent plus que ce brigand de Michu. Ce brigand, cet hon-
nête homme illettré, envoya son fils au collège d'A*** Sans 45
doute il le voulait savant pour le triomphe de la cause qu'il
n'avait pu défendre, lui, que les armes à la main. Nous savions

vaguement cette histoire, au collège, ce qui nous faisait regarder notre camarade comme un personnage très redoutable.

50 Le grand Michu était, d'ailleurs, beaucoup plus âgé que nous.
Il avait près de dix-huit ans, bien qu'il ne se trouvât encore
qu'en quatrième. Mais on n'osait le plaisanter. C'était un de
ces esprits droits, qui apprennent difficilement, qui ne de-
vinent rien; seulement, quand il savait une chose, il la savait
55 à fond et pour toujours. Fort, comme taillé à coups de hache,
il régnait en maître pendant les récréations. Avec cela, d'une
douceur extrême. Je ne l'ai jamais vu qu'une fois en colère; il
voulait étrangler un pion qui nous enseignait que tous les
républicains étaient des voleurs et des assassins. On faillit
60 mettre le grand Michu à la porte.

Ce n'est que plus tard, lorsque j'ai revu mon ancien camarade
dans mes souvenirs, que j'ai pu comprendre son attitude
douce et forte. De bonne heure, son père avait dû en faire un
homme.

III.

65 Le grand Michu se plaisait au collège, ce qui n'était pas le
moindre de nos étonnements. Il n'y éprouvait qu'un supplice
dont il n'osait parler: la faim. Le grand Michu avait toujours
faim.

Je ne me souviens pas d'avoir vu un pareil appétit. Lui qui
70 était très fier, il allait parfois jusqu'à jouer des comédies hu-
miliantes pour nous escroquer un morceau de pain, un déjeuner ou un goûter. Élevé en plein air, au pied de la chaîne des
Maures, il souffrait encore plus cruellement que nous de la
maigre cuisine du collège.

75 C'était là un de nos grands sujets de conversation, dans la
cour, le long du mur qui nous abritait de son filet d'ombre.
Nous autres, nous étions des délicats. Je me rappelle surtout
une certaine morue à la sauce rousse et certains haricots à la
sauce blanche qui étaient devenus le sujet d'une malédiction
80 générale. Les jours où ces plats apparaissaient, nous ne taris-
sions pas. Le grand Michu, par respect humain, criait avec
nous, bien qu'il eût avalé volontiers les six portions de sa
table.

Le grand Michu ne se plaignait guère que de la quantité des
85 vivres. Le hasard, comme pour l'exaspérer, l'avait placé au
bout de la table, à côté du pion, un jeune gringalet qui nous
laissait fumer en promenade. La règle était que les maîtres
d'étude avaient droit à deux portions. Aussi, quand on servait
des saucisses, fallait-il voir le grand Michu lorgner les deux

redoutable qui fait peur

plaisanter *Scherze machen*

taillé à coups de hache *grob, ungehobelt*

étrangler tuer
un pion un surveillant

un supplice *eine Qual*

escroquer qc à qn *jmd. etwas abluchsen*
le goûter un petit repas vers 16 heures

la morue *der Kabeljau*
le haricot *die Bohne*

tarir se taire

les vivres (mpl.) *Lebensmittel*
exaspérer qn *jmd. zur Verzweiflung bringen*
un gringalet un homme maigre, de petite taille

lorgner observer

bouts de saucisses qui s'allongeaient côte à côte sur l'assiette 90
du petit pion.

«Je suis deux fois plus gros que lui, me dit-il un jour, et c'est
lui qui a deux fois plus à manger que moi. Il ne laisse rien, va;
il n'en a pas de trop!»

IV.

les meneurs les chefs, les dirigeants

Or, les meneurs avaient résolu que nous devions à la fin nous 95
révolter contre la morue à la sauce rousse et les haricots à la
sauce blanche.

Naturellement, les conspirateurs offrirent au grand Michu
d'être leur chef. Le plan de ces messieurs était d'une simpli-
cité héroïque: il suffirait, pensaient-ils, de mettre leur appétit 100

la grève Streik

en grève, de refuser toute nourriture, jusqu'à ce que le proviseur déclarât solennellement que l'ordinaire serait amélioré.
L'approbation que le grand Michu donna à ce plan, est un des
plus beaux traits d'abnégation et de courage que je connaisse.

l'abnégation (f.) Selbstverleug-
nung, Aufopferung

Il accepta d'être le chef du mouvement, avec le tranquille 105
héroïsme de ces anciens Romains qui se sacrifiaient pour la
chose publique.

Songez donc! lui se souciait bien de voir disparaître la morue
et les haricots; il ne souhaitait qu'une chose, en avoir davantage, à discrétion! Et, pour comble, on lui demandait de jeû- 110

jeûner fasten
la vertu die Tugend

ner! Il m'a avoué depuis que jamais cette vertu républicaine
que son père lui avait enseignée, la solidarité, le dévouement
de l'individu aux intérêts de la communauté, n'avait été mise
en lui à une plus rude épreuve.

Le soir, au réfectoire – c'était le jour de la morue à la sauce 115
rousse, – la grève commença avec un ensemble vraiment
beau. Le pain seul était permis. Les plats arrivent, nous n'y
touchons pas, nous mangeons notre pain sec. Et cela grave-
ment, sans causer à voix basse, comme nous en avions l'habitude. Il n'y avait que les petits qui riaient. 120

Le grand Michu fut superbe. Il alla, ce premier soir, jusqu'à ne
pas même manger de pain. Il avait mis les deux coudes sur la

le coude der Ellenbogen
dédaigneusement sans respect
dévorer qc etw verschlingen

table, il regardait dédaigneusement le petit pion qui dévorait.
Cependant, le surveillant fit appeler le proviseur, qui entra
dans le réfectoire comme une tempête. 125

Il nous apostropha rudement, nous demandant ce que nous
pouvions reprocher à ce dîner, auquel il goûta et qu'il déclara
exquis.

Alors le grand Michu se leva.

être pourri,e verdorben sein
digérer verdauen

«Monsieur», dit-il, «c'est la morue qui est pourrie, nous ne 130
parvenons pas à la digérer.»

«Ah! bien!, cria le gringalet de pion, sans laisser au proviseur le temps de répondre, les autres soirs, vous avez pourtant mangé presque tout le plat à vous seul.»

135 Le grand Michu rougit extrêmement. Ce soir-là, on nous envoya simplement coucher, en nous disant que, le lendemain, nous aurions sans doute réfléchi.

V.

Le lendemain et le surlendemain, le grand Michu fut terrible. Les paroles du maître d'étude l'avaient frappé au cœur. Il
140 nous soutint, il nous dit que nous serions des lâches si nous cédions. Maintenant, il mettait tout son orgueil à montrer que, lorsqu'il le voulait, il ne mangeait pas.

l'orgueil (m.) la fierté

Ce fut un vrai martyr. Nous autres, nous cachions tous dans nos pupitres du chocolat, des pots de confiture, jusqu'à de la
145 charcuterie, qui nous aidèrent à ne pas manger tout à fait sec le pain dont nous emplissions nos poches. Lui, qui n'avait pas un parent dans la ville, et qui se refusait d'ailleurs de pareilles douceurs, s'en tint strictement aux quelques croûtes qu'il put trouver.

un pupitre ein Pult

150 Le surlendemain, le proviseur ayant déclaré que, puisque les élèves s'entêtaient à ne pas toucher aux plats, il allait cesser de faire distribuer du pain, la révolte éclata, au déjeuner. C'était le jour des haricots à la sauce blanche.

s'entêter sich weigern

Le grand Michu, dont une faim atroce devait troubler la tête,
155 se leva brusquement. Il prit l'assiette du pion, qui mangeait à belles dents, pour nous narguer et nous donner envie, la jeta au milieu de la salle, puis entonna *La Marseillaise* d'une voix forte. Ce fut comme un grand souffle qui nous souleva tous. Les assiettes, les verres, les bouteilles, dansèrent une jolie
160 danse. Et les pions, enjambant les débris, se hâtèrent de nous abandonner le réfectoire. Le gringalet, dans sa fuite, reçut sur les épaules un plat de haricots, dont la sauce lui fit une large collerette blanche.

atroce terrible

narguer qn jdn ärgern

les débris Scherben

Cependant, il s'agissait de fortifier la place. Le grand Michu
165 fut nommé général. Il fit porter, entasser les tables devant les portes.

fortifier befestigen, verstärken
entasser aufstapeln

Je me souviens que nous avions tous pris nos couteaux à la main. Et *La Marseillaise* tonnait toujours. La révolte tournait à la révolution. Heureusement, on nous laissa à nous-mêmes
170 pendant trois grandes heures. Il paraît qu'on était allé chercher la garde. Ces trois heures de tapage suffirent pour nous calmer.

le tapage Krach, Spektakel

Il y avait au fond du réfectoire deux larges fenêtres qui don-

l'impunité (f.) *Straffreiheit*

naient sur la cour. Les plus timides, épouvantés de la longue impunité dans laquelle on nous laissait, ouvrirent douce- 175 ment une des fenêtres et disparurent. Ils furent peu à peu suivis par les autres élèves. Bientôt le grand Michu n'eut plus qu'une dizaine d'insurgés autour de lui. Il leur dit alors d'une voix rude:

un insurgé un rebell

«Allez retrouver les autres, il suffit qu'il y ait un coupable.» 180
Puis s'adressant à moi qui hésitais, il ajouta:
«Je te rends ta parole, entends-tu!»

enfoncer casser

Lorsque la garde eut enfoncé une des portes, elle trouva le grand Michu tout seul, assis tranquillement sur le bout d'une table, au milieu de la vaisselle cassée. Le soir même, il fut 185 renvoyé à son père. Quant à nous, nous profitâmes peu de cette révolte. On évita bien pendant quelques semaines de nous servir de la morue et des haricots. Puis, ils reparurent; seulement la morue était à la sauce blanche, et les haricots, à la sauce rousse. 190

VI.

Longtemps après, j'ai revu le grand Michu. Il n'avait pu continuer ses études. Il cultivait à son tour les quelques bouts de terre que son père lui avait laissés en mourant.
«J'aurais fait, m'a-t-il dit, un mauvais avocat ou un mauvais médecin, car j'avais la tête bien dure. Il vaut mieux que je sois 195 un paysan. C'est mon affaire ... N'importe, vous m'avez joli-

lâcher qn *jdn im Stich lassen*

ment lâché. Et moi qui justement adorais la morue et les haricots!»

Emile Zola: Contes et nouvelles. Bibliothèque de la Pléiade. Paris (Editions Gallimard) 1976, p. 419–424

Compréhension

1. Donnez un titre à chaque chapitre. Visualisez le déroulement de l'action sous forme de courbe dramatique.

2. Ecrivez ensuite un résumé structuré de la nouvelle.

Analyse

3. Analysez la relation entre le narrateur et Michu.

4. Analysez l'influence du père sur le rôle que son fils joue dans la révolte. Relevez les parallèles entre cette révolte des élèves et la situation politique en France au 19e siècle.

5. «Le soir même il (Michu) fut renvoyé à son père» (l. 185/186).   **Créativité [au choix]**
Ecrivez le dialogue entre
  a) le proviseur et Michu après la révolte.
  b) le père et Michu après que Michu est arrivé à la maison.

6. Après la révolte, les autres garçons sont aussi punis. Mettez-vous à la place du narrateur qui écrit une lettre à sa mère pour lui raconter les faits et justifier sa participation. Rédigez la lettre!

7. Comparez «Le grand Michu» au film «Zéro de conduite»   **Projet**
(1933) de Jean Vigo, un grand classique du cinéma français.

Edouard Girardet, L'école (1855)

4.3 Un mariage d'amour

Emile Zola
Un mariage d'amour (1866)

(texte intégral)

Approche | Comment imaginez-vous un «mariage d'amour»?

«Un mariage d'amour» préfigure le premier grand roman de Zola, «Thérèse Raquin» (1867).

Michel avait vingt-cinq ans lorsqu'il épousa Suzanne, une jeune femme de son âge, d'une maigreur nerveuse, ni laide, ni belle, mais ayant dans son visage effilé deux grands beaux yeux qui allaient largement d'une tempe à l'autre. Ils vécurent trois années sans querelles, ne recevant guère que 5 Jacques, un ami du mari, dont la femme devint peu à peu passionnément amoureuse. Jacques se laissa aller à la douceur cuisante de cette passion. D'ailleurs, la paix du ménage ne fut pas troublée; les amants étaient lâches, et reculaient devant la certitude d'un scandale. Sans en avoir conscience, 10 ils en arrivèrent lentement au projet de se débarrasser de Michel. Un meurtre devait tout arranger, en leur permettant de s'aimer en liberté et selon la loi.

effilé,e spitz
une tempe die Schläfe
une querelle une dispute
recevoir (ici) voir

cuisant,e brennend
lâche feige
reculer zurückschrecken

Gustave Caillebotte, La partie de bateau (1877)

Un jour, ils décidèrent le mari à faire une partie de campagne.
15 On alla à Corbeil, et là, lors que le dîner eut été commandé,
Jacques proposa et fit accepter une promenade en canot sur
la Seine. Il prit les rames et descendit la rivière, tandis que ses
compagnons chantaient et riaient comme des enfants.

Quand la barque fut en pleine Seine, cachée derrière les
20 hautes futaies d'une île, Jacques saisit brusquement Michel et
essaya de le jeter à l'eau. Suzanne cessa de chanter; elle dé-
tourna la tête, pâle, les lèvres serrées, silencieuse et frisson-
nante. Les deux hommes luttèrent un instant sur le bord de
la barque qui s'enfonçait en craquant. Michel, surpris, ne
25 pouvant comprendre, se défendit, muet, avec l'instinct d'une
bête qu'on attaque; il mordit Jacques à la joue, enleva presque
le morceau, et tomba dans la rivière en appelant sa femme
avec rage et terreur. Il ne savait pas nager.

Alors Jacques, prenant Suzanne dans ses bras, se jeta à l'eau
30 de façon à faire chavirer la barque. Puis il se mit à crier, à appeler au secours. Il soutenait la jeune femme, et, comme il
était excellent nageur, il atteignit aisément la rive, où plusieurs personnes se trouvaient déjà rassemblées.

La terrible comédie était jouée. Suzanne, évanouie et froide,
35 gisait sur le sable; Jacques pleurait, se désespérait, implorant
de prompts secours pour son ami. Le lendemain, les journaux
racontèrent l'accident, et les amants ayant toujours été aussi
prudents que lâches, la pensée qu'un crime avait pu être
commis ne vint à personne. Jacques en fut quitte pour expli-
40 quer la large morsure de Michel, en disant qu'un clou de la
barque lui avait déchiré la joue.

Il fallait attendre au moins treize mois. Les amants s'étaient
concertés à l'avance et avaient décidé qu'ils agiraient avec la
plus grande prudence. Ils évitèrent de se voir; ils ne se ren-
45 contrèrent que devant témoins.

Le moindre empressement aurait peut-être éveillé les soup-
çons.

Jacques, pendant les huit premiers jours, alla régulièrement à
la Morgue chaque matin.
50 Quand il eut retrouvé et reconnu sur une des dalles blanches
le cadavre de Michel, il le réclama au nom de la veuve et le fit
enterrer. Il avait commis froidement le crime, et il éprouva un
frisson d'épouvante en face de sa victime, horriblement défi-
gurée, toute marbrée de taches bleues et vertes. Dès lors, il eut
55 toujours devant les yeux le visage gonflé et grimaçant du
noyé.

---

un canot un bateau
une rame ein Ruder

la futaie der Hochwald

pâle bleich

s'enfoncer versinken
muet,te stumm
mordre qn jdn beißen
la joue die Wange

faire chavirer zum Kentern bringen

évanoui,e ohnmächtig
giser (hier) liegen
prompts ici: rapides

être quitte être prêt
la morsure die Bisswunde

se concerter se mettre d'accord

la morgue das Leichenschauhaus
la dalle die Fliese

marbré,e (ici) marqué
la tâche der Fleck
gonflé,e aufgedunsen
le noyé der Ertrunkene

âpre (ici) violent

la trace die Spur
la chair (hier) die Haut

la cuisson das Brennen

une épouvante das Grauen

la chambre nuptiale das eheliche Schlafzimmer

la causerie la conversation

accablant,e quälend

ignoble et odieuse widerwärtig

Dix-huit mois s'écoulèrent. Les amants se virent rarement; à chaque rencontre, ils éprouvèrent un étrange malaise. Ils attribuèrent cette sensation pénible à la peur, à l'âpre désir qu'ils avaient d'en finir avec cette funèbre histoire, en se ma- 60 riant et en goûtant enfin les douceurs de leur amour. Jacques souffrait surtout de sa solitude; les dents de Michel avaient laissé sur sa joue des traces blanches, et il semblait parfois au meurtrier que ces cicatrices brûlaient sa chair et dévoraient son visage. Il espérait que Suzanne, sous ses baisers, apaiserait 65 la cuisson des terribles brûlures.

Quand ils crurent avoir assez attendu, ils se marièrent, et toutes leurs connaissances applaudirent. Ils goûtèrent, pendant les préparatifs de la noce, une joie nerveuse qui les trompa eux-mêmes. La vérité était que, depuis le crime, ils frisson- 70 naient tous deux la nuit, secoués par d'effrayants cauchemars, et qu'ils avaient hâte de s'unir contre leur épouvante pour la vaincre.

Lorsqu'ils se trouvèrent seuls dans la chambre nuptiale, ils s'assirent, embarrassés et inquiets, devant un feu clair qui 75 éclairait la pièce de larges clartés jaunes.

Jacques voulut parler d'amour, mais sa bouche était sèche, et il ne put trouver un mot; Suzanne, glacée et comme morte, cherchait en elle avec désespoir sa passion qui s'en était allée de sa chair et de son cœur. 80

Alors, ils essayèrent d'être banals et de causer comme des gens qui se seraient vus pour la première fois. Mais les paroles leur manquèrent. Tous deux ils pensaient invinciblement au pauvre noyé, et, tandis qu'ils échangeaient des mots vides, ils se devinaient l'un l'autre. Leur causerie cessa; dans le silence, 85 il leur sembla qu'ils continuaient à s'entretenir de Michel. Ce terrible silence, plein de phrases épouvantées et cruelles, devenait accablant, insoutenable. Suzanne, toute blanche dans sa toilette de nuit, se leva et, tournant la tête:

«Vous l'avez vu à la Morgue? demanda-t-elle d'une voix 90 étouffée.

– Oui, répondit Jacques en frissonnant.

– Paraissait-il avoir beaucoup souffert?»

Jacques ne put répondre. Il fit un geste, comme pour écarter une vision ignoble et odieuse, et il s'avança vers Suzanne, les 95 bras ouverts.

«Embrasse-moi, dit-il en tendant la joue où se montraient des marques blanches.

– Oh! non, jamais …, pas là!» s'écria Suzanne qui recula en frémissant. 100

Ils s'assirent de nouveau devant le feu, effrayés et irrités. Leurs longs silences étaient coupés par des paroles amères, par des reproches et des plaintes.
Telle fut leur nuit de noces.

105 Dès lors, un drame navrant se passa entre les deux misérables. Je ne puis en raconter tous les actes, et je me contente d'indiquer brièvement les principales péripéties.
Le cadavre de Michel se mit entre Jacques et Suzanne. Au lit, ils s'écartaient l'un de l'autre et semblaient lui faire place. Dans
110 leurs baisers, leurs lèvres devenaient froides, comme si la mort se fût placée entre leurs bouches. Et c'étaient des terreurs continuelles, des effrois brusques qui les séparaient, des hallucinations qui leur montraient leur victime partout et à chaque heure. Cet homme et cette femme ne pouvaient plus s'aimer. Ils
115 étaient tout à leur épouvante. Ils ne vivaient ensemble que pour se protéger contre le noyé. Parfois encore ils se serraient avec force l'un contre l'autre, s'unissaient avec désespoir, mais c'était afin d'échapper à leurs sinistres visions.
Puis la haine vint. Ils s'irritèrent contre leur crime, ils se dés-
120 espérèrent d'avoir troublé leur vie à jamais. Alors ils s'accusèrent mutuellement. Jacques reprocha amèrement à Suzanne de l'avoir poussé au meurtre, et Suzanne lui cria qu'il mentait et qu'il était le seul coupable. La colère accroissait leurs angoisses, et chaque jour, pour le moindre souvenir, la
125 querelle recommençait, plus âpre et plus cruelle. Les deux assassins tournaient ainsi comme des bêtes fauves, dans la vie de souffrance qu'ils s'étaient faite, se déchirant eux-mêmes, haletants, obligés de se taire.
Suzanne regretta Michel, le pleura tout haut, vanta au meur-
130 trier les vertus de sa victime, et Jacques dut vivre en entendant toujours parler de cet homme qu'il avait jeté à l'eau et dont le cadavre était si horrible sur une dalle de la Morgue. Il avait souvent des heures de délire, et il accablait sa complice d'injures, la battait, lui répétait avec des cris l'histoire du
135 meurtre, et lui prouvait que c'était elle qui avait tout fait, en lui donnant la folie de la passion.
S'il n'avait eu peur de trop souffrir, il se serait coupé la joue, pour enlever les traces des dents de Michel. Suzanne pleurait en regardant ces cicatrices, et le visage de Jacques était deve-
140 nu pour elle un objet d'horreur dont la vue la secouait d'un éternel frisson.

navrant,e triste

la péripétie l'événement

le noyé der Ertrunkene

amèrement voll Bitterkeit

une bête fauve un animal sauvage

regretter qn jdn vermissen

accabler qn de qc jdn mit etw überhäufen

secouer schütteln

Enfin se joua le dernier acte de ce drame poignant. Après la haine, vinrent la crainte et la lâcheté; les deux assassins eurent peur l'un de l'autre.

Ils comprirent qu'ils ne pouvaient vivre plus longtemps dans 145 la fièvre du remords; ils voyaient avec terreur leur abattement mutuel, et ils tremblaient en pensant que l'un d'eux parlerait à coup sûr un jour ou l'autre.

Alors ils se surveillèrent; leurs souffrances étaient intolé- rables, mais ils ne voulaient pas la délivrance par le châti- 150 ment. Ils se suivirent partout, ils s'étudièrent dans leurs moindres actes; à chaque nouvelle querelle, ils se menaçaient de tout dire, puis ils se suppliaient à mains jointes de garder le silence, et ils restaient soupçonneux et farouches. Vie ter- rible, qui les traînait dans toutes les angoisses du remords et 155 de l'effroi.

Ils en vinrent chacun à l'idée de se débarrasser d'un complice redoutable. Suzanne espérait vivre plus calme, lorsqu'elle ne verrait plus la joue couturée de Jacques, et Jacques pensait pouvoir tuer son premier crime en tuant Suzanne. 160

Un jour, ils se surprirent, versant mutuellement du poison dans leurs verres. Ils éclatèrent en sanglots, leur fièvre tomba, et ils se jetèrent dans les bras l'un de l'autre. Ils pleurèrent longtemps, demandant pardon, comprenant leur infamie, se disant que l'heure était venue de mourir. Ce fut là une der- 165 nière crise qui les soulagea.

Ils burent chacun le poison qu'ils avaient versé, et expirèrent à la même heure, liés dans la mort comme ils avaient été liés dans le crime. On trouva sur une table leur confession, et c'est après avoir lu ce testament sinistre, que j'ai pu écrire 170 l'histoire de ce mariage d'amour.

Emile Zola. Contes et nouvelles. Bibliothèque de la Pléiade. Paris (Editions Gallimard) 1976, p. 302–307

le remords *Gewissensbiss*
un abattement *Niederge-schlagenheit*
à coup sûr certainement
se surveiller s'observer

la délivrance *die Erlösung*
le châtiment *die Strafe*

la querelle la dispute

les mains jointes *mit gefalteten Händen*
farouche *unnahbar, unerbittlich*

le poison *das Gift*
éclater en sanglots *in Tränen ausbrechen*

une infamie die *Niederträchtig-keit, Schande*

la confession *die Beichte*

Compréhension

1. Qu'apprend-on sur les trois personnages au début de l'histoire?

Vrai/Faux?
a) Michel et Suzanne sont bien intégrés dans leur milieu so-cial et font beaucoup de sorties.
b) Michel devient très vite jaloux de Jacques de sorte qu'il évite sa présence.
c) Avant de jeter Michel dans l'eau, Jacques l'attaque avec un couteau.
d) Beaucoup de gens ont vu «l'accident» de loin.
e) Par manque d'argent, Suzanne et Jacques attendent long-temps avant de se marier.

2. Reconstituez les principales étapes du récit en donnant un titre à chaque chapitre de la nouvelle.

3. Analysez l'évolution des sentiments entre les deux amants. Notez toutes les expressions qui désignent leurs sentiments.

Analyse

4. Que signifie la morsure pour la relation entre Suzanne et Jacques. Quelle est la valeur symbolique de cette cicatrice?

5. D'après-vous le titre est-il bien choisi? Commentez. Choisissez un autre titre.

Commentaire

6. Faites une recherche sur Internet sur le mariage au 19e siècle: les lois, le statut de la femme dans le mariage, les problèmes qui se posent dans la vie conjugale.

Projet

4.4 Le roman expérimental

Emile Zola
Le roman expérimental
(essai théorique)

Caricature de Gill, 1878

«Dans mes études littéraires, j'ai souvent parlé de la méthode expérimentale appliquée au roman et au drame. Le retour à la nature, l'évolution naturaliste qui emporte le siècle, pousse peu à peu toutes les manifestations de l'intelligence humaine dans une même voie scientifique. Seulement, l'idée d'une littérature déterminée par la science, a pu surprendre, faute d'être précisée et comprise. Il me paraît donc utile de dire nettement ce qu'il faut entendre, selon moi, par le roman expérimental. [...]

appliqué,e adapté,e

surprendre étonner

10 Eh bien! [...] nous voyons également que le romancier est fait
d'un observateur et d'un expérimentateur. L'observateur chez
lui donne les faits tels qu'il les a observés, pose le point de
départ, établit le terrain solide sur lequel vont marcher les
personnages et se développer les phénomènes. Puis, l'expéri-
15 mentateur paraît et institue l'expérience, je veux dire fait
mouvoir les personnages dans une histoire particulière, pour
y montrer que la succession des faits y sera telle que l'exige le
déterminisme des phénomènes mis à l'étude. [...] Le romancier part à la recherche d'une vérité. [...]
20 En somme, toute l'opération consiste à prendre les faits dans
la nature, puis à étudier le mécanisme des faits, en agissant
sur eux par les modifications des circonstances et des milieux,
sans jamais s'écarter des lois de la nature. Au bout, il y a la
connaissance de l'homme, la connaissance scientifique, dans
25 son action individuelle et sociale. [...]
Sans me risquer à formuler des lois, j'estime que la question
d'hérédité a une grande influence dans les manifestations
intellectuelles et passionnelles de l'homme. Je donne aussi
une importance considérable au milieu. [...] Nous venons de
30 voir l'importance décisive donnée par Claude Bernard à
l'étude du milieu intra-organique, dont on doit tenir compte,
si l'on veut trouver le déterminisme des phénomènes chez les
êtres vivants. Eh bien! dans l'étude d'une famille, d'un groupe
d'êtres vivants, je crois que le milieu social a également une
35 importance capitale. [...] L'homme n'est pas seul, il vit dans
une société, dans un milieu social, et dès lors pour nous, romanciers, ce milieu social modifie sans cesse les phénomènes.
Même notre grande étude est là, dans le travail réciproque de
la société sur l'individu et de l'individu sur la société.»

Zola, Emile; Fasquelle, Eugène (Hrsg.): Le Roman expérimental. Vol. 41. Paris 1928, p. 11–50

le point de départ *der Ausgangspunkt*

instituer créer, constituer

la succession la série, la suite

l'hérédité (f.) *das genetische Erbe*

Claude Bernard médecin et chercheur (1813–1878) a développé le concept moderne de la biologie

capital,e majeur,e
dès lors à partir de

réciproque *gegenseitig*

1. Quel est le modèle de la littérature naturaliste selon Zola?

2. Quel est le but de sa littérature?

3. Par quels moyens Zola compte-t-il y parvenir?

4. Visualisez vos résultats sur une affiche. Présentez-la en classe.

5. Relisez «A quoi rêvent les pauvres filles?»; «Le Grand Michu» et «Un mariage d'amour»: en quoi s'agit-il là de trois textes naturalistes selon Zola?

Compréhension

Analyse

4.5 Le naturalisme en débat

Approche | **Deux caricatures contemporaines**

1. Décrivez les caricatures. Relevez les points communs aux deux dessins.

2. Analysez le message des deux caricatures. Quelle vision du naturalisme donnent-elles?

Caricature de Gill, vers 1880

Caricature de Louis Legrand, 1890

Ferragus

La littérature putride (1868)

(article de journal)

putride faulig
substituer remplacer
l'éloquence du charnier
(etwa) Lobgesang auf das Skelett
la chair das Fleisch
un pestiféré ein Pestkranker
une marbrure die Marmorierung, (hier gemeint) die Pestbeulen
jaillir ausströmen
le pus der Eiter

Il s'est établi depuis quelques années une école monstrueuse de romanciers, qui prétend substituer l'éloquence du charnier à l'éloquence de la chair, qui fait appel aux curiosités les plus chirurgicales, qui groupe les pestiférés pour nous en faire admirer les marbrures, qui s'inspire directement du choléra, ⁵ son maître, et qui fait jaillir le pus de la conscience. [...]

[…] *Thérèse Raquin* [et] bien d'autres romans qui ne valent pas l'honneur d'être nommés (car je ne me dissimule pas que je fais une réclame à ceux-ci), vont prouver ce que j'avance.

Je ne mets pas en cause les intentions; elles sont bonnes; mais
10 je tiens à démontrer que dans une époque à ce point blasée, pervertie, assoupie, malade, les volontés les meilleures se fourvoient et veulent corriger par des moyens qui corrompent. On cherche le succès pour avoir des auditeurs, et on met à sa porte des linges hideux en guise de drapeaux pour
15 attirer les passants. […]

Il est plus facile de faire un roman brutal, plein de sanie, de crimes et de prostitutions, que d'écrire un roman contenu, mesuré, moiré, indiquant les hontes sans les découvrir, émouvant sans écœurer. Le beau procédé que celui d'étaler
20 des chairs meurtries! Les pourritures sont à la portée de tout le monde, et ne manquent jamais leur effet. […]

Attacher par le dégoût, plaire par l'horrible, c'est un procédé qui malheureusement répond à un instinct humain, mais l'instinct le plus bas, le moins avouable, le plus universel, le
25 plus bestial. Les foules qui courent à la guillotine, ou qui se pressent à la morgue, sont-elles le public qu'il faille séduire, encourager, maintenir dans le culte des épouvantes et des purulences? […]

Louis Ulbach, dit Ferragus, «La Littérature putride», Le Figaro, 23 janvier 1868

Thérèse Raquin roman de Zola

blasé,e *abgestumpft*
assoupi,e *betäubt*
se fourvoyer *sich verirren, in die Irre gehen*
des linges hideux *(hier) die Schmutzwäsche*

la sanie (vx.) *der Eiter*
contenu,e *gezügelt*
moiré,e (vx.) *(etwa) veredelt*

la pourriture *die Fäulnis*

avouble *redlich*

la morgue *das Leichenschauhaus*

la purulence *die Vereiterung*

1. Que reproche Ferragus au naturalisme et à Zola?

2. Comment la littérature devrait-elle être selon Ferragus?

3. Sur quelles métaphores le texte de Ferragus s'appuie-t-il? Pourquoi?

Compréhension/ Analyse

4.6 Emile Zola et l'Affaire Dreyfus

Recherche/Exposé

1. Connectez-vous sur Internet et faites une recherche sur l'Affaire Dreyfus. Présentez vos résultats sous forme d'exposé en classe.

La dégradation de Dreyfus, le Petit Journal du 10 janvier 1895

L'Affaire Dreyfus – quelques repères historiques

En **1894**, **Alfred Dreyfus**, officier de l'Armée française et d'origine juive, est accusé d'avoir livré des secrets miliaires aux Allemands. Bien qu'innocent, il est condamné par un tribunal militaire à la **dégradation** et à la **déportation** dans l'île du Diable (Océan Atlantique). Dans des campagnes de presse très violentes, l'**antisémitisme** se déchaîne contre lui.

C'est alors qu'**Emile Zola** publie un **article intitulé «J'accuse»**, qui fait peser contre l'Armée de très lourdes charges. Il apparaît de plus en plus clairement que certains militaires, cléricaux et antisémites s'efforcent d'empêcher une révision du procès. L'*Affaire* devint politique, divise la France en deux camps (*dreyfusards* et *antidreyfusards*) et ébranle la République.

Ce n'est qu'en **1906** que Dreyfus sera complètement **réhabilité** après plusieurs révisions du procès.

Emile Zola
«J'accuse» (le 13 janvier 1898)

(lettre ouverte au Président de la République)

[...] Mais cette lettre est longue, Monsieur le Président, et il est temps de conclure.

J'accuse le lieutenant colonel de Paty de Clam d'avoir été l'ouvrier diabolique de l'erreur judiciaire, en inconscient, je
5 veux le croire, et d'avoir ensuite défendu son œuvre néfaste, depuis trois ans, par les machinations les plus saugrenues et les plus coupables.

J'accuse le général Mercier de s'être rendu complice, tout au moins par faiblesse d'esprit, d'une des plus grandes iniquités
10 du siècle.

J'accuse le général Billot d'avoir eu entre les mains les preuves certaines de l'innocence de Dreyfus et de les avoir étouffées, de s'être rendu coupable de ce crime de lèse-humanité et de lèse-justice, dans un but politique et pour sauver l'état-major
15 compromis.

J'accuse le général de Boisdeffre et le général Gonse de s'être rendus complices du même crime, l'un sans doute par passion cléricale, l'autre peut-être par cet esprit de corps qui fait des bureaux de la guerre l'arche sainte, inattaquable.

Monsieur le Président Félix Faure, Président de la République de 1895 à 1899

saugrenu,e absurde

l'iniquité (f.) injustice

les preuves certaines *sichere Beweise*

un crime de lèse-humanité et de lèse-justice *ein Verbrechen gegen die Menschlichkeit und die Gerechtigkeit*

J'accuse le général de Pellieux et le commandant Ravary [20] d'avoir fait une enquête scélérate, j'entends par là une enquête de la plus monstrueuse partialité, dont nous avons, dans le rapport du second, un impérissable monument de naïve audace.

impérissable immortel

J'accuse les trois experts en écritures, les sieurs Belhomme, [25] Varinard et Couard, d'avoir fait des rapports mensongers et frauduleux, à moins qu'un examen médical ne les déclare atteints d'une maladie de la vue et du jugement. J'accuse les bureaux de la guerre d'avoir mené dans la presse, particulièrement dans *L'Eclair* et dans *L'Echo de Paris*, une campagne [30] abominable, pour égarer l'opinion et couvrir leur faute.

mensonger et frauduleux *verlogen und betrügerisch*

égarer irreleiten

J'accuse enfin le premier conseil de guerre d'avoir violé le droit, en condamnant un accusé sur une pièce restée secrète, et j'accuse le second conseil de guerre d'avoir couvert cette illégalité, par ordre, en commettant à son tour le crime juridique [35] d'acquitter sciemment un coupable. En portant ces accusations, je n'ignore pas que je me mets sous le coup des articles 30 et 31 de la loi sur la presse du 29 juillet 1881, qui punit les délits de diffamation. Et c'est volontairement que je m'expose. Quant aux gens que j'accuse, je ne les connais pas, je ne les ai [40] jamais vus, je n'ai contre eux ni rancune ni haine. Ils ne sont pour moi que des entités, des esprits de malfaisance sociale. Et l'acte que j'accomplis ici n'est qu'un moyen révolutionnaire pour hâter l'explosion de la vérité et de la justice.

acquitter freisprechen
sciemment wissentlich

la rancune Rachsucht, Groll
les entités (f.) Erscheinungen
la malfaisance Bösartigkeit

hâter avancer, activer

Je n'ai qu'une passion, celle de la lumière, au nom de l'humanité qui a tant souffert et qui a droit au bonheur. Ma protestation enflammée n'est que le cri de mon âme. Qu'on ose donc me traduire en cour d'assises et que l'enquête ait lieu au grand jour! J'attends.

traduire en cour d'assises *vor ein Schwurgericht stellen*
l'enquête (f.) *die Untersuchung*

Veuillez agréer, monsieur le Président, l'assurance de mon [50] profond respect.

Emile Zola: «J'accuse». Le Figaro. 13 janvier 1898

Compréhension

1. Présentez brièvement le sujet de la lettre.

2. Distinguez les différentes parties de la lettre. Donnez un titre à chacune de ces parties.

3. Quelles sont les valeurs dont Zola parle dans la lettre?

Analyse

4. Relevez les moyens stylistiques par lesquels Zola essaie de convaincre le lecteur.

Pour aller plus loin

5. Discutez le rôle de l'écrivain dans cette affaire.

L'Affaire Dreyfus divise la France – Analyse d'une caricature contemporaine

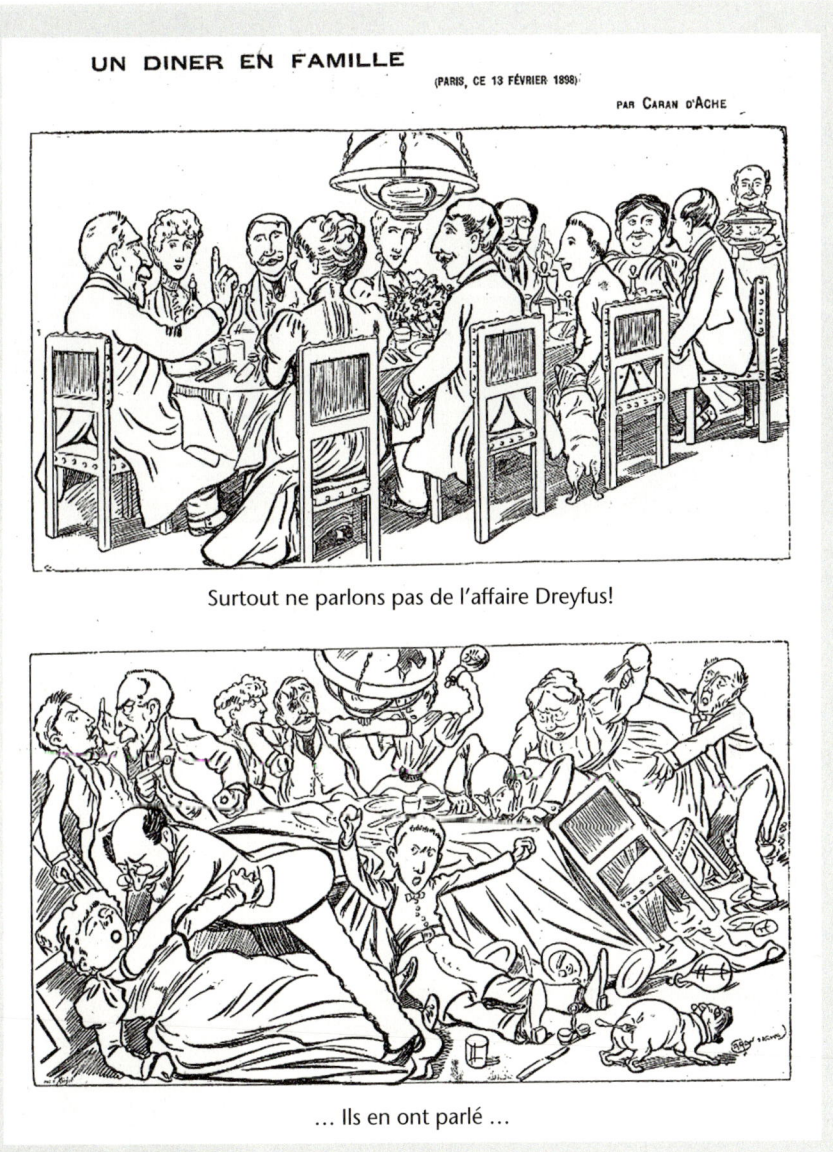

Caricature de Caran d'Ache, Paris, le 13 févriér 1898

1. Décrivez la caricature.   **Analyse**

2. Analysez son message.

3. Imaginez une famille qui discute de l'affaire Dreyfus.   **Créativité**

Emile Zola et son œuvre – pour en savoir plus

A lire

A voir

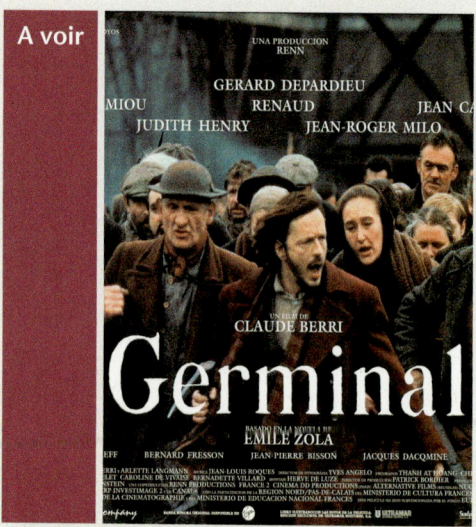

«Thérèse Raquin», un des premiers romans de Zola qui a fait scandale à son époque.

Thérèse a été élevée par sa tante dans le but d'épouser son cousin, un homme au tempérament maladif. Bientôt, elle ne supporte plus cette vie monotone. Toute sa sensualité refoulée s'éveille au contact de Laurent, un peintre raté dont elle devient la maîtresse. Les amants décident de noyer le mari. L'âpreté, la sexualité, le crime. Zola est déjà Zola dans ce mélange puissant de roman noir et de tragédie, dans cet implacable réalisme social et humain.
[www.alalettre.com]

«Germinal», film de Claude Berri d'après le roman d'Emile Zola (1993), avec Gérard Depardieu et Renaud.

Sous le Second Empire, Etienne Lantier, un jeune chômeur devenu mineur, découvre dans le Nord la misère des travailleurs exploités par le capitalisme. Il s'engage dans un combat socialiste. La direction des mines réagit, les salaires baissent. Une grève immense survient, affameuse et meurtrière, mais aussi porteuse d'espoir.
[www.cinefil.com]

Projektarbeit/Facharbeit

Emile Zola, critique d'art

- Emile Zola n'est pas seulement connu pour son engagement politique. Il était aussi un grand défenseur de l'**impressionnisme** et de l'Art Moderne.

- Etudiez son engagement pour l'Impressionisme et sa relation (difficile) avec son ami d'enfance **Paul Cézanne**.

- Etudiez son intérêt pour la **photographie**.

5. Guy de Maupassant

5.1 La Parure

Guy de Maupassant
La Parure (1884)

(texte intégral)

Approche

1. Décrivez les deux femmes sur les photos.

2. Imaginez leur situation sociale et leur caractère.

3. Formulez des hypothèses sur le lien entre ces deux femmes.

C'était une de ces jolies et charmantes filles, nées, comme par une erreur du destin, dans une famille d'employés. Elle n'avait pas de dot, pas d'espérances, aucun moyen d'être connue, comprise, aimée, épousée par un homme riche et
5 distingué; et elle se laissa marier avec un petit commis du ministère de l'Instruction publique.

Elle fut simple, ne pouvant être parée, mais malheureuse comme une déclassée; car les femmes n'ont point de caste ni

un employé *ein Beamter*
la dot *die Mitgift*

un commis *ein Schreiber, Beamter*

la délicatesse la finesse

l'usure (f.) die Abnutzung

indigner ärgern
désolé,e trostlos
éperdu,e bestürzt

une torchère Wandleuchter

le calorifère Heizung(sanlage)
le bibelot Nippes
coquet,te schmuckhaft

envier et désirer voll
Sehnsucht wünschen

découvrir la soupière den
Deckel der Suppenterrine
hochnehmen
une argenterie Silberzeug
la tapisserie Wandteppich

une truite eine Forelle
une gélinotte ein junges
Masthuhn

une camarade de couvent
Pensionsfreundin aus dem Kloster

l'air glorieux strahlend

de race, leur beauté, leur grâce et leur charme leur servant de naissance et de famille. Leur finesse native, leur instinct 10 d'élégance, leur souplesse d'esprit sont leur seule hiérarchie, et font des filles du peuple les égales des plus grandes dames. Elle souffrait sans cesse, se sentant née pour toutes les délicatesses et tous les luxes. Elle souffrait de la pauvreté de son logement, de la misère des murs, de l'usure des sièges, de la 15 laideur des étoffes. Toutes ces choses, dont une autre femme de sa caste ne se serait même pas aperçue, la torturaient et l'indignaient. La vue de la petite Bretonne qui faisait son humble ménage éveillait en elle des regrets désolés et des rêves éperdus. Elle songeait aux antichambres muettes, capi- 20 tonnées avec des tentures orientales, éclairées par de hautes torchères de bronze, et aux deux grands valets en culotte courte qui dorment dans les larges fauteuils, assoupis par la chaleur lourde du calorifère. Elle songeait aux grands salons vêtus de soie ancienne, aux meubles fins portant des bibelots 25 inestimables, et aux petits salons coquets, parfumés, faits pour la causerie de cinq heures avec les amis les plus intimes, les hommes connus et recherchés dont toutes les femmes envient et désirent l'attention.

Quand elle s'asseyait, pour dîner, devant la table ronde cou- 30 verte d'une nappe de trois jours, en face de son mari qui découvrait la soupière en déclarant d'un air enchanté: «Ah! le bon pot-au-feu! je ne sais rien de meilleur que cela …» elle songeait aux dîners fins, aux argenteries reluisantes, aux tapisseries peuplant les murailles de personnages anciens et 35 d'oiseaux étranges au milieu d'une forêt de féerie; elle songeait aux plats exquis servis en des vaisselles merveilleuses, aux galanteries chuchotées et écoutées avec un sourire de sphinx, tout en mangeant la chair rose d'une truite ou des ailes de gélinotte. 40

Elle n'avait pas de toilettes, pas de bijoux, rien. Et elle n'aimait que cela; elle se sentait faite pour cela. Elle eût tant désiré plaire, être enviée, être séduisante et recherchée.

Elle avait une amie riche, une camarade de couvent qu'elle ne voulait plus aller voir tant elle souffrait en revenant. Et elle 45 pleurait pendant des jours entiers, de chagrin, de regret, de désespoir et de détresse.

Or un soir, son mari rentra, l'air glorieux et tenant à la main une large enveloppe. «Tiens, dit-il, voici quelque chose pour toi.» Elle déchira vivement le papier et en tira une carte im- 50 primée qui portait ces mots:

«Le ministre de l'Instruction publique et Mme Georges Ram-

ponneau prient M. et Mme Loisel de leur faire l'honneur de
venir passer la soirée à l'hôtel du ministère, le lundi 18 jan-
55 vier.»

Au lieu d'être ravie, comme l'espérait son mari, elle jeta avec
dépit l'invitation sur la table, murmurant:

«Que veux-tu que je fasse de cela?»

– «Mais, ma chérie, je pensais que tu serais contente. Tu ne
60 sors jamais, et c'est une occasion, cela, une belle! J'ai eu une
peine infinie à l'obtenir. Tout le monde en veut; c'est très re-
cherché et on n'en donne pas beaucoup aux employés. Tu
verras là tout le monde officiel.»

Elle le regardait d'un œil irrité, et elle déclara avec impa-
65 tience:

«Que veux-tu que je me mette sur le dos pour aller là?» Il n'y
avait pas songé; il balbutia: «Mais la robe avec laquelle tu vas
au théâtre. Elle me semble très bien, à moi …» Il se tut, stupéfait, éperdu, en voyant que sa femme pleurait.
70 Deux grosses larmes descendaient lentement des coins des
yeux vers les coins de la bouche; il bégaya: «Qu'as-tu? qu'as-
tu?» Mais, par un effort violent, elle avait dompté sa peine et
elle répondit d'une voix calme en essuyant ses joues humides:
«Rien. Seulement je n'ai pas de toilette et par conséquent je
75 ne peux aller à cette fête. Donne ta carte à quelque collègue
dont la femme sera mieux nippée que moi.» Il était désolé. Il
reprit: «Voyons, Mathilde. Combien cela coûterait-il une toilette convenable, qui pourrait te servir encore en d'autres
occasions, quelque chose de très simple?» Elle réfléchit
80 quelques secondes, établissant ses comptes et songeant aussi
à la somme qu'elle pouvait demander sans s'attirer un refus
immédiat et une exclamation effarée du commis économe.
Enfin, elle répondit en hésitant: «Je ne sais pas au juste, mais
il me semble qu'avec quatre cents francs je pourrais arriver.»
85 Il avait un peu pâli, car il réservait juste cette somme pour
acheter un fusil et s'offrir des parties de chasse, l'été suivant,
dans la plaine de Nanterre, avec quelques amis qui allaient
tirer des alouettes, par là, le dimanche.

Il dit cependant: «Soit. Je te donne quatre cents francs. Mais
90 tâche d'avoir une belle robe.»

Le jour de la fête approchait, et Mme Loisel semblait triste, in-
quiète, anxieuse. Sa toilette était prête cependant. Son mari lui
dit un soir: «Qu'as-tu? Voyons, tu es toute drôle depuis trois
jours.» Et elle répondit: «Cela m'ennuie de n'avoir pas un bi-
95 jou, pas une pierre, rien à mettre sur moi. J'aurai l'air misère
comme tout. J'aimerais presque mieux ne pas aller à cette soi-

le dépit *Ärger, Unwillen*

balbutier *stammeln*

begayer *stottern*
dompter sa peine *seinen Schmerz überwinden*

être nippé,e *ausstaffiert sein*

économe *sparsam*

un fusil *ein Gewehr*
Nanterre *im 19. Jh. Städtchen nordwestlich von Paris*

rée.» Il reprit: «Tu mettras des fleurs naturelles. C'est très chic en cette saison-ci. Pour dix francs tu auras deux ou trois roses magnifiques.» Elle n'était point convaincue. «Non ... il n'y a rien de plus humiliant que d'avoir l'air pauvre au milieu de 100 femmes riches.» Mais son mari s'écria: «Que tu es bête! Va trouver ton amie Mme Forestier et demande-lui de te prêter des bijoux. Tu es bien assez liée avec elle pour faire cela.» Elle poussa un cri de joie. «C'est vrai. Je n'y avais point pensé.»

la détresse *Verzweiflung, Not*

Le lendemain, elle se rendit chez son amie et lui conta sa détresse. Mme Forestier alla vers son armoire à glace, prit un large coffret, l'apporta, l'ouvrit, et dit à Mme Loisel: «Choisis, ma chère.» Elle vit d'abord des bracelets, puis un collier de perles, puis une croix vénitienne, or et pierreries, d'un admirable travail. Elle essayait les parures devant la glace, hésitait, ne pouvait se décider à les quitter, à les rendre. Elle demandait toujours: «Tu n'as plus rien d'autre?» – «Mais si. Cherche. Je ne sais pas ce qui peut te plaire.» Tout à coup elle découvrit, dans une boîte de satin noir, une superbe rivière de diamants; et son cœur se mit à battre d'un désir immodéré. Ses mains tremblaient en la prenant. Elle l'attacha autour de sa gorge, sur sa robe montante, et demeura en extase devant elle-même. Puis, elle demanda, hésitante, pleine d'angoisse: «Peux-tu me prêter cela, rien que cela?» – «Mais oui, certainement.» Elle sauta au cou de son amie, l'embrassa avec emportement, puis s'enfuit avec son trésor.

un coffret *Schachtel, Kasten*

les pierreries (f.) *Geschmeide*

la robe montante *ein geschlossenes Kleid*
en extase *in Verzückung*

avec emportement *stürmisch*

Le jour de la fête arriva. Mme Loisel eut un succès. Elle était plus jolie que toutes, élégante, gracieuse, souriante et folle de joie. Tous les hommes la regardaient, demandaient son nom, cherchaient à être présentés. Tous les attachés du cabinet voulaient valser avec elle. Le ministre la remarqua. Elle dansait avec ivresse, avec emportement, grisée par le plaisir, ne pensant plus à rien, dans le triomphe de sa beauté, dans la gloire de son succès, dans une sorte de nuage de bonheur fait de tous ces hommages, de toutes ces admirations, de tous ces désirs éveillés, de cette victoire si complète et si douce au cœur des femmes.

avec ivresse *wie berauscht*

Elle partit vers quatre heures du matin. Son mari, depuis minuit, dormait dans un petit salon désert avec trois autres messieurs dont les femmes s'amusaient beaucoup.

Il lui jeta sur les épaules les vêtements qu'il avait apportés pour la sortie, modestes vêtements de la vie ordinaire, dont la pauvreté jurait avec l'élégance de la toilette de bal. Elle le sentit et voulut s'enfuir pour ne pas être remarquée par les autres femmes qui s'enveloppaient de riches fourrures. Loisel 140

jurer avec *abstechen gegen*

la fourrure *der Pelzmantel*

la retenait: «Attends donc. Tu vas attraper froid dehors. Je vais appeler un fiacre.» Mais elle ne l'écoutait point et descendait rapidement l'escalier. Lorsqu'ils furent dans la rue, ils ne trouvèrent pas de voiture; et ils se mirent à chercher, criant
145 après les cochers qu'ils voyaient passer de loin.

Ils descendaient vers la Seine, désespérés, grelottants. Enfin ils trouvèrent sur le quai un de ces vieux coupés noctambules qu'on ne voit dans Paris que la nuit venue, comme s'ils eussent été honteux de leur misère pendant le jour. Il les ra-
150 mena jusqu'à leur porte, rue des Martyrs, et ils remontèrent tristement chez eux. C'était fini, pour elle. Et il songeait, lui, qu'il lui faudrait être au Ministère à dix heures.

Elle ôta les vêtements dont elle s'était enveloppé les épaules, devant la glace, afin de se voir encore une fois dans sa gloire.
155 Mais soudain elle poussa un cri. Elle n'avait plus sa rivière autour du cou! Son mari, à moitié dévêtu déjà, demanda: «Qu'est-ce que tu as?» Elle se tourna vers lui, affolée: «J'ai … j'ai … je n'ai plus la rivière de Mme Forestier.» Il se dressa, éperdu: «Quoi! … comment! … Ce n'est pas possible!» Et ils
160 cherchèrent dans les plis de la robe, dans les plis du manteau, dans les poches, partout. Ils ne la trouvèrent point. Il demandait: «Tu es sûre que tu l'avais encore en quittant le bal?» – «Oui, je l'ai touchée dans le vestibule du Ministère.» – «Mais, si tu l'avais perdue dans la rue, nous l'aurions entendue tom-
165 ber. Elle doit être dans le fiacre.» – «Oui. C'est probable. As-tu pris le numéro?» – «Non. Et toi, tu ne l'as pas regardé?» – «Non.» Ils se contemplaient atterrés. Enfin Loisel se rhabilla. «Je vais, dit-il, refaire tout le trajet que nous avons fait à pied, pour voir si je ne la retrouverai pas.» Et il sortit. Elle demeura
170 en toilette de soirée, sans force pour se coucher, abattue sur une chaise, sans feu, sans pensée.

Son mari rentra vers sept heures. Il n'avait rien trouvé. Il se rendit à la Préfecture de police, aux journaux, pour faire promettre une récompense, aux compagnies de petites voitures,
175 partout enfin où un soupçon d'espoir le poussait. Elle attendit tout le jour dans le même état d'effarement devant cet affreux désastre. Loisel revint le soir avec la figure creusée, pâlie; il n'avait rien découvert. «Il faut, dit-il, écrire à ton amie que tu as brisé la fermeture de sa rivière et que tu la fais
180 réparer. Cela nous donnera le temps de nous retourner.» Elle écrivit sous sa dictée.

Au bout d'une semaine, ils avaient perdu toute espérance. Et Loisel, vieilli de cinq ans, déclara: «Il faut aviser à remplacer ce bijou.» Ils prirent, le lendemain, la boîte qui l'avait ren-

un fiacre *eine geschlossene Kutsche*

un coupé *Halbkutsche*

rue des Martyrs *Straße auf dem Montmartre*

ôter *ablegen*

affolé,e *erschrocken, verstört*

éperdu,e *bestürzt*

atterré,e *niedergeschlagen*

abattu,e *entkräftigt, abgespannt*

une récompense *eine Belohnung*

l'effarement *(m.) Bestürzung*

briser la fermeture *den Verschluss zerbrechen*

le joaillier *der Juwelier*

l'écrin (m.) *Kästchen*

emprunter *ausleihen*

un usurier *ein Wucherer*
un prêteur *ein Verleiher*

épouvanté,e *angoissé*
s'abattre sur qn *tomber sur qn*
les privations (f.) *die Entbehrungen*
la torture *die Qual*

d'un air froissé *d'un air préoccupé*

redouter *befürchten*
la substitution *das Vertauschen, der Ersatz*

un nécessiteux *un misérable*

la dette *die Schuldenlast*
la bonne *das Hausmädchen*

odieux,se *horrible*
les besognes de la cuisine (f.) *die Küchenarbeiten*
un ongle *ein Fingernagel*
des poteries *des objets en céramique*
un torchon *ein Lappen*
les ordures (f.) *der Müll, die Küchenabfälle*

marchandant *feilschend*

fermé, et se rendirent chez le joaillier dont le nom se trouvait 185 dedans.

Il consulta ses livres. «Ce n'est pas moi, madame, qui ai vendu cette rivière; j'ai dû seulement fournir l'écrin.» Alors ils allèrent de bijoutier en bijoutier cherchant une parure pareille à l'autre, consultant leurs souvenirs, malades tous deux 190 de chagrin et d'angoisse. Ils trouvèrent, dans une boutique du Palais-Royal, un chapelet de diamants qui leur parut entièrement semblable à celui qu'ils cherchaient. Il valait quarante mille francs. On le leur laisserait à trente-six mille.

Ils prièrent donc le joaillier de ne pas le vendre avant trois 195 jours. Et ils firent condition qu'on le reprendrait pour trente-quatre mille francs, si le premier était retrouvé avant la fin de février.

Loisel possédait dix-huit mille francs que lui avait laissés son père. Il emprunterait le reste. Il emprunta, demandant mille 200 francs à l'un, cinq cents à l'autre, cinq louis par-ci, trois louis par-là. Il fit des billets, prit des engagements ruineux, eut affaire aux usuriers, à toutes les races de prêteurs. Il compromit toute la fin de son existence, risqua sa signature sans savoir même s'il pourrait y faire honneur, et, épouvanté par les an- 205 goisses de l'avenir, par la noire misère qui allait s'abattre sur lui, par la perspective de toutes les privations physiques et de toutes les tortures morales, il alla chercher la rivière nouvelle, en déposant sur le comptoir du marchand trente-six mille francs. Quand Mme Loisel reporta la parure à Mme Forestier, 210 celle-ci lui dit, d'un air froissé:

«Tu aurais dû me la rendre plus tôt, car je pouvais en avoir besoin.» Elle n'ouvrit pas l'écrin, ce que redoutait son amie. Si elle s'était aperçue de la substitution, qu'aurait elle pensé? qu'aurait-elle dit? Ne l'aurait-elle pas prise pour une voleuse? 215

Mme Loisel connut la vie horrible des nécessiteux. Elle prit son parti, d'ailleurs, tout d'un coup, héroïquement. Il fallait payer cette dette effroyable. Elle payerait. On renvoya la bonne; on changea de logement; on loua sous les toits une mansarde. Elle connut les gros travaux du ménage, les 220 odieuses besognes de la cuisine. Elle lava la vaisselle, usant ses ongles roses sur les poteries grasses et le fond des casseroles. Elle savonna le linge sale, les chemises et les torchons, qu'elle faisait sécher sur une corde; elle descendit à la rue, chaque matin, les ordures, et monta l'eau, s'arrêtant à chaque étage 225 pour souffler. Et, vêtue comme une femme du peuple, elle alla chez le fruitier, chez l'épicier, chez le boucher, le panier au bras, marchandant, injuriée, défendant sou à sou son mi-

sérable argent. Il fallait chaque mois payer des billets, en re-
230 nouveler d'autres, obtenir du temps. Le mari travaillait, le
soir, à mettre au net les comptes d'un commerçant, et la nuit,
souvent, il faisait de la copie à cinq sous la page. Et cette vie
dura dix ans. Au bout de dix ans, ils avaient tout restitué,
tout, avec le taux de l'usure, et l'accumulation des intérêts
235 superposés.

    Mme Loisel semblait vieille, maintenant. Elle était devenue la
femme forte, et dure, et rude, des ménages pauvres. Mal pei-
gnée, avec les jupes de travers et les mains rouges, elle parlait
haut, lavait à grande eau les planchers. Mais parfois, lorsque
240 son mari était au bureau, elle s'asseyait auprès de la fenêtre,
et elle songeait à cette soirée d'autrefois, à ce bal, où elle avait
été si belle et si fêtée. Que serait-il arrivé si elle n'avait point
perdu cette parure? Qui sait? qui sait? Comme la vie est singulière, changeante! Comme il faut peu de chose pour vous
245 perdre ou vous sauver!

    Or, un dimanche, comme elle était allée faire un tour aux
Champs-Elysées pour se délasser des besognes de la semaine,
elle aperçut tout à coup une femme qui promenait un enfant.
C'était Mme Forestier toujours jeune, toujours belle, toujours
250 séduisante. Mme Loisel se sentit émue. Allait-elle lui parler?
Oui, certes. Et maintenant qu'elle avait payé, elle lui dirait
tout. Pourquoi pas? Elle s'approcha.
    «Bonjour Jeanne.»
    L'autre ne la reconnaissait point, s'étonnant d'être appelée
255 ainsi familièrement par cette bourgeoise. Elle balbutia:
    «Mais … madame! … Je ne sais … vous devez vous tromper.»
    «Non. Je suis Mathilde Loisel.»
    Son amie poussa un cri:
    «Oh! … ma pauvre Mathilde, comme tu es changée! …
260 «Oui, j'ai eu des jours bien durs, depuis que je ne t'ai vue; et
bien des misères … et cela à cause de toi!»
    «De moi … Comment ça?»
    «Tu te rappelles bien cette rivière de diamants que tu m'as
prêtée pour aller à la fête du Ministère.
265 «Oui. Eh bien?»
    «Eh bien, je l'ai perdue.»
    «Comment! puisque tu me l'as rapportée.»
    «Je t'en ai rapporté une autre toute pareille. Et voilà dix ans
que nous la payons. Tu comprends que ça n'a pas été aisé pour
270 nous, qui n'avions rien … Enfin, c'est fini, et je suis rudement
contente.» Mme Forestier s'était arrêtée. «Tu dis que tu as
acheté une rivière de diamants pour remplacer la mienne?»

---

un billet ein Schuldschein

mettre au net les comptes
die Bücher führen
restituer zurückgeben, erstatten
le taux de l'usure der
Wucherzins
des intérêts superposés die
Zinseszinsen

avec les jupes à travers mit
schiefsitzenden Röcken
laver à grande eau schrubben,
wischen

se délasser de qc sich erholen,
sich ablenken von etw

aisé,e (ici) facile

«Oui. Tu ne t'en étais pas aperçue, hein? Elles étaient bien pareilles.»

Et elle souriait d'une joie orgueilleuse et naïve.

Mme Forestier, fort émue, lui prit les deux mains.

«Oh! ma pauvre Mathilde! Mais la mienne était fausse. Elle valait au plus cinq cents francs! …»

275

Guy de Maupassant. Contes et nouvelles, vol. 1, Bibliothèque de la Pléiade, Paris (Editions Gallimard) 1974, p. 1198–1206; Scènes du film „La Parure" de Claude Chabroe („Chez Maupassant")

Compréhension

1. Donnez un titre à chaque paragraphe. Visualisez la structure de la nouvelle sous forme de schéma ou de courbe dramatique.

Analyse

2. Relisez le début de la nouvelle. Comparez la vie réelle de Madame Loisel avec ses rêves.

La vie réelle	La vie rêvée
…	…

3. Analysez la relation entre Madame et Monsieur Loisel au début et à la fin du texte.

4. Etudiez la valeur symbolique de la parure.

5. Analysez l'évolution de Madame Loisel. Comparez sa situation et son caractère au début et à la fin du texte.

6. Selon le poète allemand Theodor Storm (1817–1888), la nouvelle est «la petite sœur du drame». Justifiez cette remarque en vous référant à la structure de «La Parure». Quels sont les éléments dramatiques dans «La Parure»?

Créativité

7. Relisez la fin de la nouvelle. Imaginez la réaction de Mathilde.

8. «Que serait-il arrivé si elle n'avait pas perdu cette parure? Qui sait? Qui sait» se demande Mme Loisel. Essayez de donner une réponse vraisemblable à ses questions!

Projet

9. Transformez la nouvelle en pièce de théâtre ou en court-métrage.

5.2 Aux champs

Guy de Maupassant
Aux champs (1882)

(texte intégral)

1. Comment imaginez-vous la vie à la campagne?

2. Comparez ensuite vos idées avec le tableau de Millet. Quels aspects de la vie à la campagne met-il en évidence?

Jean-François Millet: Les glaneuses (1857), Musée d'Orsay, Paris

Les deux chaumières étaient côte à côte, au pied d'une colline, proches d'une petite ville de bains. Les deux paysans besognaient dur sur la terre inféconde pour élever tous leurs petits. Chaque ménage en avait quatre. Devant les deux
5 portes voisines, toute la marmaille grouillait du matin au soir. Les deux aînés avaient six ans et les deux cadets quinze mois environ; les mariages et, ensuite les naissances, s'étaient produits à peu près simultanément dans l'une et l'autre maison. Les deux mères distinguaient à peine leurs produits dans le
10 tas; et les deux pères confondaient tout à fait. Les huit noms dansaient dans leur tête, se mêlaient sans cesse; et quand il fallait en appeler un, les hommes souvent en criaient trois avant d'arriver au véritable.
La première des deux demeures, en venant de la station
15 d'eaux de Rolleport, était occupée par les Tuvache, qui avaient

une chaumière petite maison à la campagne, *strohgedecktes Bauernhaus*
besogner travailler
le ménage (ici) la famille

la marmaille (péj.) un groupe d'enfants
grouiller bouger
l'aîné et le cadet le plus âgé et le plus jeune

le tas la masse

une demeure une maison
Rolleport localité imaginaire

trois filles et un garçon; l'autre masure abritait les Vallin, qui avaient une fille et trois garçons.

Tout cela vivait péniblement de soupe, de pomme de terre et de grand air. A sept heures, le matin, puis à midi, puis à six heures, le soir, les ménagères réunissaient leurs mioches pour 20 donner la pâtée, comme des gardeurs d'oies assemblent leurs bêtes. Leurs enfants étaient assis, par rang d'âge, devant la table en bois, vernie par cinquante ans d'usage. Le dernier moutard avait à peine la bouche au niveau de la planche. On posait devant eux l'assiette creuse pleine de pain molli dans 25 l'eau où avaient cuit les pommes de terre, un demi-chou et trois oignons; et toute la ligne mangeait jusqu'à plus faim. La mère empâtait elle-même le petit. Un peu de viande au pot-au-feu, le dimanche, était une fête pour tous; et le père, ce jour-là, s'attardait au repas en répétant: «Je m'y ferais bien 30 tous les jours.»

Par un après-midi du mois d'août, une légère voiture s'arrêta brusquement devant les deux chaumières, et une jeune femme, qui conduisait elle-même, dit au monsieur assis à côté d'elle:

– Oh! regarde, Henri, ce tas d'enfants! Sont-ils jolis, comme 35 ça, à grouiller dans la poussière!

L'homme ne répondit rien, accoutumé à ces admirations qui étaient une douleur et presque un reproche pour lui.

La jeune femme reprit:

– Il faut que je les embrasse! Oh! comme je voudrais en avoir 40 un, celui-là, le tout petit.

Et, sautant de la voiture, elle courut aux enfants, prit un des deux derniers, celui des Tuvache, et, en l'enlevant dans ses bras, elle le baisa passionnément sur ses joues sales, sur ses cheveux blonds frisés et pommadés de terre, sur ses menottes 45 qu'il agitait pour se débarrasser des caresses ennuyeuses.

les mioches (fam.) les enfants

un gardeur d'oies *ein Gänsehirt*
les bêtes les animaux

le moutard (fam.) un petit garçon

empâter (gaver) *abfüttern*

Puis elle remonta dans sa voiture et partit au grand trot. Mais elle revint la semaine suivante, s'assit elle-même par terre, prit le moutard dans ses bras, le bourra de gâteaux, donna des
50 bonbons à tous les autres; et joua avec eux comme une gamine, tandis que son mari attendait patiemment dans sa frêle voiture.

bourrer vollstopfen, abfüttern
une gamine (fam.) une fille

Elle revint encore, fit connaissance avec les parents, reparut tous les jours, les poches pleines de friandises et de sous.
55 Elle s'appelait Mme Henri d'Hubières.

les friandises (f.) Süßigkeiten

Un matin, en arrivant, son mari descendit avec elle; et, sans s'arrêter aux mioches, qui la connaissaient bien maintenant, elle pénétra dans la demeure des paysans.
Ils étaient là, en train de fendre du bois pour la soupe; ils se
60 redressèrent tout surpris, donnèrent des chaises et attendirent. Alors la jeune femme, d'une voix entrecoupée, tremblante, commença:
– Mes braves gens, je viens vous trouver parce que je voudrais bien … je voudrais bien emmener avec moi votre … votre
65 petit garçon …

fendre du bois Holz hacken

Les campagnards, stupéfaits et sans idée, ne répondirent pas. Elle reprit haleine et continua:
– Nous n'avons pas d'enfants; nous sommes seuls, mon mari et moi … Nous le garderions … Voulez-vous?
70 La paysanne commençait à comprendre. Elle demanda:
– Vous voulez nous prend'e Charlot? Ah ben non, pour sûr.
Alors M. d'Hubières intervint:
    Ma femme s'est mal expliquée. Nous voulons l'adopter, mais il reviendra vous voir. S'il tourne bien, comme tout
75 porte à le croire, il sera notre héritier. Si nous avions, par hasard, des enfants, il partagerait également avec eux. Mais s'il ne répondait pas à nos soins, nous lui donnerions, à sa majorité, une somme de vingt mille francs, qui sera immédiatement déposée en son nom chez un notaire. Et, comme on a
80 aussi pensé à vous, on vous servira jusqu'à votre mort, une rente de cent francs par mois. Avez-vous bien compris?
La fermière s'était levée, toute furieuse.
– Vous voulez que j'vous vendions Charlot? Ah! mais non; c'est pas des choses qu'on d'mande à une mère, çà! Ah! mais
85 non! Ce s'rait une abomination.

être stupéfait,e être très étonné
reprendre haleine Luft holen, nach Luft schnappen

l'héritier (m.) der Erbe

cent francs par mois Le salaire de Maupassant, quand il était petit employé de ministère, était d'environ 150 francs par mois en 1873
l'abomination (f.) l'horreur

L'homme ne disait rien, grave et réfléchi; mais il approuvait sa femme d'un mouvement continu de la tête.
Mme d'Hubières, éperdue, se mit à pleurer, et, se tournant vers son mari, avec une voix pleine de sanglots, une voix d'enfant
90 dont tous les désirs ordinaires sont satisfaits, elle balbutia:

approuver qn jdm zustimmen

éperdu,e bestürzt, verzweifelt

balbutier stammeln

être exaspéré,e être furieux,se

pi puis

la tenacité Hartnäckigkeit, Ausdauer
être gâté,e verwöhnt sein

être indigné,e être fâché,e

parcimonieusement pauvrement

une insinuation une déclaration
des précautions oratoires rhetorische Vorsichtsmaßnahmen
une astuce eine List

point méprisable nicht zu verachten

c s'ra ce sera

trépigner d'impatience vor Ungeduld auf- und abgehen

– Ils ne veulent pas, Henri, ils ne veulent pas!

Alors ils firent une dernière tentative.

– Mais, mes amis, songez à l'avenir de votre enfant, à son bonheur, à …

La paysanne, exaspérée, lui coupa la parole: 95

– C'est tout vu, c'est tout entendu, c'est tout réfléchi … Allez-vous-en, et pi, que j'vous revoie point par ici. C'est i permis d'vouloir prendre un éfant comme ça!

Alors Mme d'Hubières, en sortant, s'avisa qu'ils étaient deux tout petits, et elle demanda à travers ses larmes, avec une té- 100 nacité de femme volontaire et gâtée, qui ne veut jamais entendre:

– Mais l'autre petit n'est pas à vous?

Le père Tuvache répondit:

– Non, c'est aux voisins; vous pouvez y aller si vous voulez. 105

Et il rentra dans sa maison, où retentissait la voix indignée de sa femme.

Les Vallin étaient à table, en train de manger avec lenteur des tranches de pain qu'ils frottaient parcimonieusement avec un peu de beurre piqué au couteau, dans une assiette entre 110 eux deux.

M. d'Hubières recommença ses propositions, mais avec plus d'insinuations, de précautions oratoires, d'astuce.

Les deux ruraux hochaient la tête en signe de refus; mais, quand ils apprirent qu'ils auraient cent francs par mois, ils se 115 considérèrent, se consultant de l'œil, très ébranlés.

Ils gardèrent longtemps le silence, torturés, hésitants. La femme enfin demanda:

– Qué qu't'en dis, l'homme?

Il prononça d'un ton sentencieux: 120

– J'dis qu'c'est point méprisable.

Alors Mme d'Hubières, qui tremblait d'angoisse, leur parla de l'avenir du petit, de son bonheur, et de tout l'argent qu'il pourrait leur donner plus tard.

Le paysan demanda: 125

– C'te rente de douze cents francs, ce s'ra promis d'vant l'notaire?

M. d'Hubières répondit:

– Mais certainement, dès demain.

La fermière, qui méditait, reprit: 130

– Cent francs par mois, c'est point suffisant pour nous priver du p'tit; ça travaillera dans quéqu'z'ans ct'éfant; i nous faut cent vingt francs.

Mme d'Hubières trépignant d'impatience, les accorda tout de suite; et, comme elle voulait enlever l'enfant, elle donna cent 135 francs en cadeau pendant que son mari faisait un écrit. Le maire et un voisin, appelés aussitôt, servirent de témoins complaisants.

Et la jeune femme, radieuse, emporta le marmot hurlant,
140 comme on emporte un bibelot désiré d'un magasin.

Les Tuvache, sur leur porte, le regardaient partir, muets, sévères, regrettant peut-être leur refus.

On n'entendit plus du tout parler du petit Jean Vallin. Les parents, chaque mois, allaient toucher leurs cent vingt francs
145 chez le notaire; et ils étaient fâchés avec leurs voisins parce que la mère Tuvache les agonisait d'ignominies, répétant sans cesse de porte en porte qu'il fallait être dénaturé pour vendre son enfant, que c'était une horreur, une saleté, une corromperie.

Et parfois elle prenait en ses bras son Charlot avec ostenta-
150 tion, lui criant, comme s'il eût compris:

– J't'ai pas vendu, mé, j't'ai pas vendu, mon p'tiot. J'vends pas m's éfants, mé. J'sieus pas riche, mais vends pas m's éfants.

Et, pendant des années et encore des années, ce fut ainsi; chaque jour des allusions grossières qui étaient vociférées
155 devant la porte, de façon à entrer dans la maison voisine. La mère Tuvache avait fini par se croire supérieure à toute la contrée parce qu'elle n'avait pas vendu Charlot. Et ceux qui parlaient d'elle disaient:

– J'sais ben que c'était engageant, c'est égal, elle s'a conduite
160 comme une bonne mère.

On la citait; et Charlot, qui prenait dix-huit ans, élevé dans cette idée qu'on lui répétait sans répit, se jugeait lui-même supérieur à ses camarades, parce qu'on ne l'avait pas vendu.

radieux,se strahlend
un bibelot un jouet, un gadget

agoniser qn d'ignominies jdn beschimpfen

une corromperie une corruption

mé moi

vociférer crier

la contrée (litt.) le paysage

engageant verlockend

vivoter très bien manger, *schlemmen*	Les Vallin vivotaient à leur aise, grâce à la pension. La fureur inapaisable des Tuvache, restés misérables, venait de là. 165

Leur fils aîné partit au service. Le second mourut; Charlot resta seul à peiner avec le vieux père pour nourrir la mère et deux autres sœurs cadettes qu'il avait.

Il prenait vingt et un ans, quand, un matin, une brillante voiture s'arrêta devant les deux chaumières. Un jeune monsieur, 170 avec une chaîne de montre en or, descendit, donnant la main à une vieille dame en cheveux blancs. La vieille dame lui dit:

– C'est là, mon enfant, à la seconde maison.

Et il entra comme chez lui dans la masure des Vallin.

un âtre la cheminée

La vieille mère lavait ses tabliers; le père, infirme, sommeillait 175 près de l'âtre. Tous deux levèrent la tête, et le jeune homme dit:

– Bonjour, papa; bonjour maman.

être effaré,e *verwirrt, fassungslos sein*

Ils se dressèrent, effarés. La paysanne laissa tomber d'émoi son savon dans son eau et balbutia:

té toi

– C'est-i té, m'n éfant? C'est-i té, m'n éfant? 180

Il la prit dans ses bras et l'embrassa, en répétant: – «Bonjour, maman». Tandis que le vieux, tout tremblant, disait, de son ton calme qu'il ne perdait jamais: «Te v'là-t'i revenu, Jean?» Comme s'il l'avait vu un mois auparavant.

le fieu le fils

Et, quand ils se furent reconnus, les parents voulurent tout de 185 suite sortir le fieu dans le pays pour le montrer. On le conduisit chez le maire, chez l'adjoint, chez le curé, chez l'instituteur.

Charlot, debout sur le seuil de sa chaumière, le regardait passer. 190

Le soir, au souper, il dit aux vieux:

sot,te *dumm*

– Faut-il qu'vous ayez été sots pour laisser prendre le p'tit aux Vallin!

Sa mère répondit obstinément:

– J'voulions point vendre not' éfant! 195

Le père ne disait rien.

Le fils reprit:

– C'est-il pas malheureux d'être sacrifié comme ça!

être coléreux en colère

Alors le père Tuvache articula d'un ton coléreux:

– Vas-tu pas nous r'procher d' t'avoir gardé? 200

Et le jeune homme, brutalement:

des niants (néants) bons à rire, *Nichtsnutze*

– Oui, j'vous le r'proche, que vous n'êtes que des niants. Des parents comme vous, ça fait l'malheur des éfants. Qu'vous

mériter *verdienen*

mériteriez que j'vous quitte.

La bonne femme pleurait dans son assiette. Elle gémit tout en 205 avalant des cuillerées de soupe dont elle répandait la moitié:

– Tuez-vous donc pour élever d's éfants!

Alors le gars, rudement:

– J'aimerais mieux n'être point né que d'être c'que j'suis.
210 Quand j'ai vu l'autre, tantôt, mon sang n'a fait qu'un tour. Je
m'suis dit: «V'là c'que j'serais maintenant!».

Il se leva.

– Tenez, j'sens bien que je ferai mieux de n'pas rester ici, parce
que j'vous le reprocherais du matin au soir, et que j'vous fe-
215 rais une vie d'misère. Ça, voyez-vous, j'vous l'pardonnerai
jamais!

Les deux vieux se taisaient, atterrés, larmoyants.

Il reprit:

– Non, c't' idée-là, ce serait trop dur. J'aime mieux m'en aller
220 chercher ma vie aut'part!

Il ouvrit la porte. Un bruit de voix entra. Les Vallin festoyaient
avec l'enfant revenu.

Alors Charlot tapa du pied et, se tournant vers ses parents,
cria:

225 – Manants, va!

Et il disparut dans la nuit.

le gars (fam.) le garçon

les manants (fam.) – les paysans grossiers

Guy de Maupassant. Contes et nouvelles, publiés entre 1875 et mars 1874, Bd 1, Bibliothèque de la Pléiade, Paris (Editions Gallimard) 1974, p. 607–613; scènes du film „Aux champs" par Olivier Schatzky («Chez Maupassant»)

Compréhension

1. Vrai/Faux?

a) Les deux familles ont de nombreux enfants.

b) Les deux familles travaillent dur mais malgré cela ils ne peuvent pas se nourrir.

c) Les repas pendant la semaine et le week-end sont identiques.

d) Mme et M. d'Hubières vont à la campagne pour rendre visite aux voisins.

e) Mme d'Hubières adopte les deux fils aînés de chaque famille par compassion envers eux.

f) Mme d'Hubières paie une somme fixe pour l'adoption.

g) Après des années d'absence la mère reconnaît encore son fils.

2. Visualisez les rapports entre les personnages sous forme de schéma/de dessin.

Analyse

3. Décrivez les deux familles (Les Vallin, les Tuvache).

4. Cherchez tous les termes qui désignent les enfants et étudiez la place et le rôle des enfants dans le monde des paysans.

5. Faites le portrait de Mme d'Hubières et comparez-le avec celui de Mme Tuvache.

6. Quels moyens l'auteur utilise-t-il pour peindre les paysans de façon réaliste?

7. Réécrivez en français standard les paroles des paysans.

8. Analysez la réaction de Charles (Charlot) à la fin du texte. En quoi la situation finale est-elle paradoxale?

Commentaire

9. Le dénouement de la nouvelle vous paraît-il moral? Justifiez votre réponse.

Créativité

10. M. et Mme d'Hubières décident d'apprendre à Vallin qu'il n'est pas leur fils: Ecrivez la conversation entre les trois personnes. Imaginez aussi le décor de la scène.

Projet

11. Comparez la nouvelle de Maupassant à la parabole du «Fils prodigue» dans le Nouveau Testament (Luc, 15,11–32).

5.3 Charles Baudelaire
La nouvelle

(essai théorique)

[La nouvelle] a sur le roman à vastes proportions cet immense avantage que sa brièveté ajoute à l'intensité de l'effet. Cette lecture, qui peut être accomplie tout d'une haleine, laisse dans l'esprit un souvenir bien plus puissant qu'une lecture
5 brisée, interrompue souvent par le tracas des affaires et le soin des intérêts mondains. L'unité d'impression, la *totalité* d'effet est un avantage immense qui peut donner à ce genre de composition une supériorité tout à fait particulière, à ce point qu'une nouvelle trop courte (c'est sans doute un dé-
10 faut) vaut encore mieux qu'une nouvelle trop longue. L'artiste, s'il est habile, n'accommodera pas ses pensées aux incidents […]. Si la première phrase n'est pas écrite en vue de préparer cette impression finale, l'œuvre est manquée dès le début. Dans sa composition toute entière, il ne doit pas se
15 glisser un seul mot qui ne soit une intention, qui ne tende, directement ou indirectement, à parfaire le dessein prémédité.

Charles Baudelaire: Notes nouvelles sur Edgar Allan Poe. Paris 1857

une haleine *Atemzug*

le tracas *Mühen, Sorgen*

être habile *geschickt*

dès à partir de

tender (*hier*) *abzielen*
parfaire finir, compléter
le dessein le but
prémédité prévu

1. Dégagez les avantages, selon Baudelaire, de la nouvelle sur le roman.

2. «Si la première phrase n'est pas écrite en vue de préparer cette impression finale, l'œuvre est manquée dès le début». Examinez l'effet des premières phrases de «A quoi rêvent les pauvres filles?», ou de «La Parure».

5.4 Une vie

Guy de Maupassant
Une vie (1883)

(roman, extrait)

Approche

1. «La nuit de noces» – notez toutes vos associations que vous liez à cet événement.

Eva Gonzalès: Le Réveil (1876), Kunsthalle Bremen

«Voilà donc ce qu'il appelle être sa femme»

Jeanne, une jeune fille de 17 ans, élevée au couvent, vient d'épouser Julien, un vicomte séduisant. Avant la nuit de noces, son père lui rappelle pudiquement qu'elle appartient désormais toute entière à son mari. Alors que Jeanne est déja couchée dans sa chambre, Julien vient la rejoindre.

un soubresaut *ein Satz,* Sprung

velu, e *behaart*

l'effarement (m.) la confusion
se blottir *sich verkriechen*

vorace *gierig*
la dentelle *die Spitze (Textil)*

Elle fit un soubresaut comme pour se jeter à terre lorsque glissa vivement contre sa jambe une autre jambe froide et velue; et, la figure dans ses mains, éperdue, prête à crier de peur et d'effarement, elle se blottit tout au fond du lit. Aussitôt, il la prit en ses bras, bien qu'elle lui tournât le dos, et il ₅ baisait voracement son cou, les dentelles flottantes de sa coiffure de nuit et le col brodé de sa chemise.

Elle ne remuait pas, raidie dans une horrible anxiété, sentant une main forte qui cherchait sa poitrine cachée entre ses
10 coudes. Elle haletait bouleversée sous cet attouchement brutal; et elle avait surtout envie de se sauver, de courir par la maison, de s'enfermer quelque part, loin de cet homme.

Il ne bougeait plus. Elle recevait sa chaleur dans son dos. Alors son effroi s'apaisa encore et elle pensa brusquement
15 qu'elle n'aurait qu'à se retourner pour l'embrasser.

À la fin, il parut s'impatienter et d'une voix attristée: «Vous ne voulez donc point être ma petite femme?» Elle murmura à travers ses doigts: «Est-ce que je ne la suis pas?» Il répondit avec une nuance de mauvaise humeur: «Mais non, ma chère,
20 voyons, ne vous moquez pas de moi.»

Elle se sentit toute remuée par le ton mécontent de sa voix; et elle se tourna tout à coup vers lui pour lui demander pardon. Il la saisit à bras-le-corps, rageusement, comme affamé d'elle; et il parcourait de baisers rapides, de baisers mordants, de
25 baisers fous, toute sa face et le haut de sa gorge, l'étourdissant de caresses. Elle avait ouvert les mains et restait inerte sous ses efforts, ne sachant plus ce qu'elle faisait, ce qu'il faisait, dans un trouble de pensée qui ne lui laissait rien comprendre. Mais une souffrance aiguë la déchira soudain; et elle se mit à
30 gémir tordue dans ses bras, pendant qu'il la possédait violemment.

Que se passa-t-il ensuite? Elle n'en eut guère le souvenir car elle avait perdu la tête; il lui sembla seulement qu'il lui jetait sur les lèvres une grêle de petits baisers reconnaissants.
35 Puis il dut lui parler et elle dut lui répondre. Puis il fit d'autres tentatives qu'elle repoussa avec épouvante; et comme elle se débattait, elle rencontra sur sa poitrine ce poil épais qu'elle avait déjà senti sur sa jambe, et elle se recula de saisissement. Las enfin de la solliciter sans succès, il demeura immobile sur
40 le dos.

Alors elle songea; elle se dit, désespérée jusqu'au fond de son âme, dans la désillusion d'une ivresse rêvée si différente, d'une chère attente détruite, d'une félicité crevée: «Voilà donc ce qu'il appelle être sa femme; c'est cela! c'est cela!»
45 Et elle resta longtemps ainsi, désolée, l'œil errant sur les tapisseries des murs [...].

Mais, comme Julien ne parlait plus, ne remuait plus, elle tourna lentement son regard vers lui, et elle s'aperçut qu'il dormait! Il dormait, la bouche entr'ouverte, le visage calme!
50 Il dormait!

Elle ne le pouvait croire, se sentant indignée, plus outragée par ce sommeil que par sa brutalité, traitée comme la pre-

---

remuer bouger
raidi,e versteift

haleter respirer
un attouchement Berührung
se sauver fuir

s'apaiser se calmer

remué,e aufgewühlt

saisir qn à-bras-le-corps jdn mit beiden Armen umfassen

la gorge der Hals, (auch) die Brust
étourdir qn jdn. benommen machen
inerte,e bewegungslos

aigu,ë (hier) durchdringend

gémir stöhnen

l'épouvante l'angoisse

se débattre se défendre
le poil das Haar
le saisissement die Erstarrung
las, lasse fatigué

la félicité le bonheur
crevé,e cassé

errer ziellos suchen, umherirren

indigné,e choqué
outragé,e gedemütigt

mière venue. Pouvait-il dormir une nuit pareille? Ce qui s'était passé entre eux n'avait donc pour lui rien de surprenant? Oh! elle eût mieux aimé être frappée, violentée encore, 55 meurtrie de caresses odieuses jusqu'à perdre connaissance.

Guy de Maupassant: Une Vie. Editions Gallimard. 1974, p. 84–86

Compréhension

1. Présentez les différentes étapes de la nuit de noces et notez à chaque fois le sentiment de Jeanne et de Julien!

Analyse

2. Déterminez le point de vue narratif dans cette scène.

3. Relevez en détail les sentiments de Jeanne pendant la nuit de noces! Pourquoi est-elle déçue? Comparez ses sentiments à vos idées concernant la nuit de noces (approches).

4. Relevez les expressions qui caractérisent le comportement de Julien. A quoi ressemble cette scène de noces?

5. Montrez que ce récit de la nuit des noces est caractéristique du refus de toute idéalisation dans le réalisme et le naturalisme.

Pour aller plus loin/ Créativité

6. Jeanne se confie à une amie et lui parle de la nuit de noces. Ecrivez le dialogue entre les deux femmes.

Pascal Dagnan-Bouveret, La bénédiction du jeune couple avant le mariage, 1880

5.5 Le roman

Guy de Maupassant
Le roman (1887)
(essai théorique)

[...] Mais en se plaçant au point de vue même de ces artistes réalistes, on doit discuter et contester leur théorie qui semble pouvoir être résumée par ces mots: «Rien que la vérité et toute la vérité.» Leur intention étant de dégager la philoso-
5 phie de certains faits constants et courants, ils devront souvent corriger les événements au profit de la vraisemblance.
Le vrai peut quelquefois n'être pas vraisemblable.
Le réaliste, s'il est un artiste, cherchera, non pas à nous montrer la photographie banale de la vie, mais à nous en donner
10 la vision plus complète, plus saisissante, plus probante que la réalité même.
Raconter tout serait impossible, car il faudrait alors un volume au moins par journée, pour énumérer les multitudes d'incidents insignifiants qui emplissent notre existence.
15 Un choix s'impose donc – ce qui est une première atteinte à la théorie de toute la vérité.
La vie, en outre, est composée des choses les plus différentes, les plus imprévues, les plus contraires, les plus disparates; elle est brutale, sans suite, sans chaîne, pleine de catastrophes
20 inexplicables, illogiques et contradictoires qui doivent être classées au chapitre *faits divers*. [...]
Faire vrai consiste donc à donner l'illusion complète du vrai, suivant la logique ordinaire des faits, et non à les transcrire servilement dans le pêle-mêle de leur succession.
25 J'en conclus que les Réalistes de talent devraient s'appeler plutôt des Illusionnistes.

Guy de Maupassant: Romans. Paris: Editions Albin Michel 1975, p. 60–62

contester critiquer

la vraisemblance *die Wahrscheinlichkeit, die Glaubwürdigkeit*

saisissant,e *packend, ergreifend*
probant,e *convaincant*

une atteinte *Beeinträchtigung, Schlag*

servilement servil, *knechtisch*
le pêle-mêle *das Durcheinander*

1. Expliquez la dernière phrase du texte. Dites ce qu'un auteur réaliste de talent doit faire selon Maupassant. Justifiez votre réponse par le texte.

2. «Le vrai peut quelquefois n'être pas vraisemblable.» (l. 7) Maupassant cite avec cette phrase l'auteur classique Nicolas Boileau (1636–1711). Expliquez la citation.

Guy de Maupassant et son œuvre – pour en savoir plus

A lire

A voir

«Une partie de campagne», film de Jean Renoir (1936) d'après une nouvelle de Guy de Maupassant. Un grand classique du cinéma français

«Boule de Suif», le chef-d'œuvre de Maupassant

«*Boule de Suif* […] est un chef-d'œuvre», a dit Gustave Flaubert, l'ami paternel de Maupassant. Même si ce n'est pas la première nouvelle de Guy de Maupassant, c'est le récit qui l'a imposé comme un maître. L'histoire, inspirée d'un fait divers, se déroule pendant la guerre franco-prussienne de 1870: dix personnes fuyant Rouen envahie par les Prussiens ont pris place dans une diligence. Parmi elles, Élisabeth Rousset, une prostituée surnommée Boule de Suif à cause de son embonpoint, qui se donnera à un officier prussien pour sauver les autres voyageurs qui pourtant la méprisent. L'espace clos de la diligence fait ressortir l'hypocrisie des bourgeois.

Été 1860. M. Dufour, un commerçant parisien, vient passer une «journée à la campagne» en famille pour la fête de son épouse, avec sa belle-mère, sa fille Henriette et son commis et futur gendre Anatole. Ils s'arrêtent à l'auberge du père Poulain près de Bezons, pour déjeuner sur l'herbe au bord de l'eau. Rodolphe et Henri, deux canotiers, entreprennent de séduire Mme Dufour et Henriette …

Projektarbeit/Facharbeit

Guy de Maupassant

- Etudiez le sujet de **la guerre franco-prussienne de 1870** dans les nouvelles de Maupassant. Lisez pour cela «Boule de Suif», «L'aventure de Walter Schnaffs»; «La mère sauvage»; «La Folle».

- Guy de Maupassant était très attaché à **la Normandie**. Etudiez l'image de la Normandie et des Normands dans ses nouvelles. (p.ex. «Un réveillon – Contes et nouvelles de Normandie».)

Claude Monet: Les falaises d'Etretat 1885

Le naturalisme – vue d'ensemble

Caillebotte, Rue de Paris, temps de pluie

Ses principes

- **Décrire la société et tous ses milieux**
Prostituées, ouvriers, paysans, employés, banquiers, nobles … – **toutes les couches sociales** sont décrites dans les romans naturalistes.

- **Le refus d'idéaliser**
Les auteurs naturalistes **refusent d'idéaliser** leurs personnages, ils refusent également toute forme de **morale idéaliste**.

- **Donner l'illusion de la réalité**
Par des **descriptions** détaillées, les écrivains multiplient les effets du réel. Ils utilisent un **vocabulaire argotique ou familier** pour mieux décrire tel ou tel milieu social.

- **Une démarche scientifique**
Fortement influencé par les sciences (Bernard, Darwin), le roman naturaliste s'appuie souvent

sur une **enquête documentaire** qui permet l'étude «scientifique» d'un milieu. Dans son cycle «Les Rougon-Macquart», Zola veut raconter «l'histoire sociale d'une famille sous le Second Empire». À la manière d'un biologiste il cherche ainsi à observer et à étudier la vie de ses personnages qui sont déterminés par leur **hérédité** et leur **milieu social**.

Ses figures

- **Emile Zola, le chef de l'école naturaliste**
Emile Zola fait du naturalisme une véritable école littéraire. Des écrivains comme **Maupassant** et **Huysmans** se réunissent régulièrement chez Zola à Médan. Ensemble ils publient le recueil **«Les Soirées de Médan»** dont la nouvelle «Boule de Suif» de Maupassant est le chef d'œuvre.

Emile Zola

- Le naturalisme a aussi un impact sur la **littérature d'autres pays**: Allemagne (Gerhart Hauptmann), Scandinavie (Ibsen), Russie (Tolstoï) …

Ses limites

- **La détermination sociale**
On a reproché au naturalisme de trop déterminer le caractère des personnages par les lois de l'hérédité et par l'influence du milieu.

- **Zola, un «maître» mis en question**
Peu à peu, des jeunes auteurs comme **Maupassant** et **Huysmans** délaissent l'esthétique naturaliste qu'ils jugent stérile et se détachent de leur «maître» Zola. Dans la préface de son roman «A rebours», Huysmans s'interroge: «*[…] préoccupés d'un art plus subtil et plus vrai, nous devions nous demander si le naturalisme n'est pas une impasse.*»

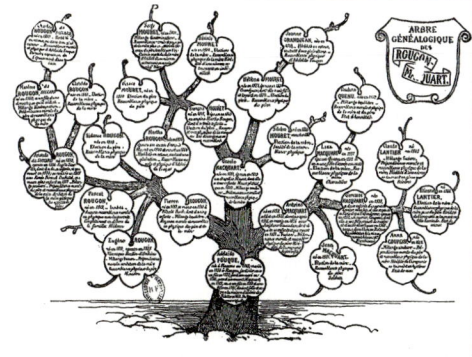

Arbre généalogique des Rougon-Macquart

Vocabulaire

L'Histoire littéraire

l'époque littéraire	die literarische Epoche
le classicisme	die Klassik
le siècle des Lumières	die Aufklärung
le romantisme	die Romantik
le réalisme	der Realismus
le naturalisme	der Naturalismus
l'accueil de l'œuvre	die Rezeption des Werkes
l'effet produit	die Wirkung
avoir un impact sur	eine Wirkung ausüben auf
le goût du public	der Publikumsgeschmack
être considéré comme	gelten als
une école littéraire	eine literarische Schule
le chef de l'école	der führende Kopf
le mouvement/le courant	die Bewegung
faire partie de	gehören zu
classer parmi/dans	einordnen in
s'épanouir	sich entfalten
atteindre son point culminant	seinen Höhepunkt erreichen
l'apogée (f.)	der Höhepunkt
influencer; l'influence (f.)	beeinflussen/der Einfluss
prendre pour modèle	sich zum Vorbild nehmen
se réclamer de	sich berufen auf

Les termes littéraires

le narrateur	der Erzähler
le narrateur omniscient	der allwissende Erzähler
la perspective narrative	die Erzählperspektive
du point du vue du narrateur	aus Sicht des Erzählers
la narration/le récit	die Erzählung
la technique narrative	die Erzähltechnik
revenir en arrière	zurückblenden
anticiper qc	vorwegnehmen
le monologue intérieur	der innere Monolog
le style indirect libre	die erlebte Rede
le temps de narration	die Erzählzeit
le temps raconté	die erzählte Zeit
le personnage	die Figur
le/la protagoniste	die Hauptfigur
le héros	der Held
le personnage principal	die Hauptfigur
le personnage secondaire	die Nebenfigur
les caractères	die Charaktere
la psychologie des caractères	die Charakterzeichnung
l'action/l'intrigue	die Handlung
l'action principale	die Haupthandlung
l'action secondaire	die Nebenhandlung

Représenter le réel

la représentation	die Darstellung
représenter	darstellen
le témoignage	das Zeugnis/der Zeugenbericht
le témoin	der Zeuge
les faits réels	die Tatsachen
reposer sur des faits réels	auf Tatsachen beruhen
les sources utilisées	die benutzten Quellen
servir de modèle	als Vorlage dienen
la vérité historique	die historische Wahrheit
l'authenticité	die Authentizität, die Echtheit
la vraisemblance	die Glaubwürdigkeit/Wahrschein-lichkeit
crédible	glaubwürdig
idéaliser	idealisieren
enjoliver/embellir	verschönern
révéler/dévoiler	enthüllen/aufdecken
la description	die Beschreibung
précis/exact	präzise/genau
détaillé/circonstancié	ausführlich
décrire/dépeindre	beschreiben/schildern

La prose et ses genres

le roman	der Roman
un romancier	ein Romanautor
la nouvelle	die Novelle
un nouvelliste	der Novellist
le journal intime	das Tagebuch
le polar (fam.)	der Krimi
un roman psychologique	der psychologische Roman
un roman historique	der historische Roman
le roman social	der zeitkritische Roman
le roman de famille	der Familienroman
le cycle romanesque	der Romanzyklus
la préface	das Vorwort

Analyser un texte littéraire

le commentaire	der Kommentar
le résumé	das Resümée/die Inhaltsangabe
expliquer	erklären
clarifier	klarstellen
expliciter	verdeutlichen
suggérer	andeuten
la prise de position	die Stellungnahme
prendre position à l'égard de	zu etwas Stellung nehmen
inspiré par	inspiriert von
le point de départ	der Anlass
le fond/le contenu	der Inhalt
le thème/la matière	der Stoff
aborder un sujet	ein Thema anschneiden
traiter un sujet	ein Thema behandeln
l'arrière-plan (m.)	der Hintergrund
le cadre	der Rahmen
l'atmosphère (f.)	die Atmosphäre
le plan/la structure	der Aufbau/die Gliederung

se diviser en	sich gliedern in
dans les grandes lignes	insgesamt/in groben Zügen
aller de … à	gehen von bis
l'introduction (f.)	die Einleitung
la partie principale	der Hauptteil
la conclusion	der Schlussteil
la transition vers	der Übergang
le point culminant	der Höhepunkt
constituer une transition	einen Übergang bilden
l'idée centrale	der Grundgedanke
le fil conducteur	der Leitfaden, der rote Faden
au cours du texte	im Verlaufe des Textes
se terminer par	enden mit
en conclusion	abschließend

La société française au 19e siècle

la société	die Gesellschaft
l'Empire (m.)	das Kaiserreich
la République	die Republik
la couche sociale	die Gesellschaftsschicht
la classe sociale	die Gesellschaftsklasse
appartenir à qc	zugehoren zu etwas
la population	die Bevölkerung
être puissant,e	mächtig sein
la puissance	die Macht
la noblesse	der Adel
le noble	der Adlige
le militaire	das Militär
la bourgeoisie	das Bürgertum
la haute (grande) bourgeoisie	das Großbürgertum
un banquier	ein Bankier
un entrepreneur	ein Unternehmer
être aisé,e; être fortuné,e	wohlhabend, reich
vivre dans l'aisance	im Wohlstand leben
être privilégié,e	privilegiert sein
la fortune	das Vermögen
un employé	ein (mittlerer) Beamter; (heute: ein Angestellter)
le peuple	das Volk
la foule	die Masse
le prolétariat	das Proletariat
un ouvrier, une ouvrière	der Arbeiter, die Arbeiterin
égalitaire, inégalitaire	gleich, ungleich
la classe ouvrière	der Arbeiterstand, die Arbeiterklasse
la condition ouvrière	die Situation der Arbeiter
la misère du peuple	das Elend der Bevölkerung
la misère sociale	das soziale Elend
être dans la misère	Not leiden
se priver de qc	sich einschränken
la pauvreté	die Armut
pauvre, nécessiteux	arm, bedürftig
la chute sociale	der soziale Abstieg
sortir qn de la misère	jdn aus der Armut befreien
être exclu,e	ausgeschlossen sein
mourir de faim, de froid	vor Hunger, vor Kälte sterben
un agriculteur/un paysan,ne	Bauer
l'exode (m.) rural	Landflucht

travailler dans les champs	auf den Feldern arbeiten
le mendiant	der Bettler
mendier, faire la manche (fam)	betteln
vivre en marge de la société	am Rande der Gesellschaft leben

La famille

les membres de la famille	die Familienmitglieder
les parents	die Eltern
le parent	der Familienangehörige
les proches parents	die nahen Verwandten
la parenté	die Verwandtschaft
le père, paternel,le	Vater, väterlich
la mère, maternel,le	Mutter, mütterlich
une mère poule	eine überfürsorgliche Mutter
le mineur	der Minderjährige
le majeur	der Volljährige
le tuteur	der Vormund
la tutelle	die Vormundschaft
être sous tutelle	unter Vormundschaft stehen
les enfants	die Kinder
le fils aîné	der älteste Sohn
l'aîné,e	der, die Älteste
le cadet	der Jüngste
être orphelin,e	verwaist sein
l'orphelin, l'orpheline	die Waise, das Waisenkind
nourrir un enfant	ein Kind ernähren, großziehen
la nourrice	die Tagesmutter
élever un enfant	ein Kind erziehen
enfantin	kindlich
le couple, le menage	das Paar
le foyer	der Haushalt
tomber amoureux de qn	sich in jdn verlieben
être amoureux de qn	in jdn verliebt sein
plaire à qn	jdm gefallen
séduire, être séduisant	verführerisch sein
le séducteur	der Verführer
se financer (avec qn)	sich verloben
l'alliance (f.), les fiançailles (f.)	die Verlobung
se marier à qn	sich verheiraten mit jdm
épouser qn	jdn heiraten
le mariage	die Hochzeit
le mari, l'époux	der Ehemann
la femme, l'épouse	die Ehefrau
la dot	die Mitgift
la lune de miel	die Flitterwochen
le voyage de noce	die Hochzeitsreise
la nuit de noce	die Hochzeitsnacht
la vie conjugale	das Eheleben
rompre avec qn	mit jdm brechen
se disputer	sich streiten
se détacher de qn	sich von jdm abwenden
abandonner	jdn verlassen
le divorce	die Scheidung
divorcer, demander le divorce	sich scheiden lassen
le veuf, la veuve	der Witwer, die Witwe
l'héritage (m.)	das Erbe, die Erbschaft
hériter qc de qn	(von jdm etw) erben

Bildquellen

S. 4, 20, 29: Directmedia Publishing, Berlin – S. 6, 11 o., 13, 17, 18 o., 22, 49, 64 re., 87, 90, 93: Wikimedia Commons/Public Domain – S. 6 re.: Union Française de Production Cinématographique – S. 10: picture-alliance/©Selva/Leemage – S. 11 u., 12: Editions Delcourt – S. 16: Gallica/Bibliothèque Nationale de Paris – S. 18 u., 25 re., 92 o.: Le Livre de poche – S. 25 li.: Dai Sijie, Balzac et la Petite Tailleuse chinoise, Collection Folio, Editions Gallimard – S. 26: akg-images/Album – S. 27: © Quentin Blake – S. 31, 33: Cinetext Bildarchiv – S. 39: akg-images – S. 41: Bibliothèque Nationale de Paris – S. 43 li.: Rezofilm; re.: © Concorde Home Entertainment GmbH – S. 44: picture-alliance/akg-images – S. 45 li.: picture-alliance/akg-images; re. o.: akg-images/Bruno Barbier; m.: picture-alliance/United Archives/DEA; u.: picture-alliance/Luisa Ricciarini/Leemage – S. 46 o.: akg-images; u.: Amsterdam Rijksmuseum Vincent Van Gogh – S. 55: akg-images – S. 56: picture-alliance/akg-images – S. 62: picture-alliance/Mary Evans Picture Library – S. 64 li.: picture-alliance/maxppp – S. 66: picture-alliance/akg-images – S. 67: picture-alliance/akg-images – S. 69: Gallica/Public Domain – S. 70 li.: "J'ai lu" – classiques; re.: akg-images/Album – S. 70: picture-alliance/akg-images/Erich Lessing – S. 71: Wikimedia Commons; Fotograf: Nadar; JM Productions – S. 79, 88, 93 re.: akg-images – S. 80, 83, 85: JM Productions – S. 92 u.: picture-alliance/Heritage Images

Der Verlag hat sich in allen Fällen bemüht, den jeweiligen Urheber ausfindig zu machen. Sollte trotz aller Bemühungen ein Irrtum unterlaufen sein, bitten wir darum, sich mit dem Verlag in Verbindung zu setzen, damit eventuelle Korrekturen vorgenommen werden können.